Handbuch der heilenden Energien

Waltraud-Maria Hulke

Handbuch der heilenden Energien

Die praktische Anwendung der heilenden Energien
von Gedanken, Farben, Edelsteinen,
Chakren und Pflanzenkräften

Mit vielen Rezepten und Anleitungen
für Heilung, Ernährung und Schönheit

WINDPFERD
Verlagsgesellschaft mbH.

Es ist natürlich selbstverständlich, daß bei ernsthaften Erkrankungen ärztliche Hilfe unumgänglich ist, und daß in einem solchen Fall eine Selbstbehandlung sogar lebensgefährlich werden kann.

Was hier gesagt und geraten wird, soll also keinesfalls den Arzt oder Heilpraktiker ersetzen, sondern es will vielmehr das Allgemeinwissen und den Wert natürlicher Heilkräfte erweitern, damit man sich bei Bedarf mit einfachen, natürlichen Mitteln selbst helfen kann.

Die Autorin und der Verlag können jedoch keine Haftung für Folgen aus dem richtigen oder unrichtigen Gebrauch der hier dargestellten Methoden und Rezepte übernehmen.

5. Auflage 1996

Umschlaggestaltung: Monika und Wolfgang Jünemann,
unter Verwendung einer Illustration von Peter Ehrhardt
Zeichnungen im Innenteil: Waltraud-Maria Hulke
Gesamtherstellung: Schneelöwe, Aitrang

ISBN 3-89385-066-X

Printed in Germany

Inhaltsverzeichnis

Vorwort

Sehr früh erfuhr ich schon, was es bedeutet, krank und leidend zu sein, denn ich stamme aus einer Arztfamilie und da gehören diese Probleme zum Alltag.

Einmal durfte ich meinen Vater bei einem Krankenbesuch begleiten und das wurde zu einem Schlüsselerlebnis in meinem Leben.

Heute sehe ich noch die ausdrucksvollen Augen dieser schwerkranken Frau vor mir und ich erinnere mich an das Entsetzen, das mich gepackt hatte, als ihr Verband gewechselt wurde und das Wort »unheilbar« unausgesprochen über ihr schwebte.

Damals hat sich mein Leben gründlich verändert und ich begann zu suchen.

Ich wollte auf meine Weise helfen und ein wenig von dem Leid auf dieser Welt lindern. Dafür war ich zu allem bereit.

»Du kannst nur die Blumen pflücken, die an deinem Lebensweg blühen.«

Dieser Spruch, den ich einmal irgendwo gelesen hatte, begann in mir seine Wirkung zu entfalten und ich machte mich daran, nach diesen Blumen Ausschau zu halten.

Wie durch ein Wunder taten sich vor mir plötzlich Weiten auf, die ich nicht für möglich gehalten hatte und ich entdeckte Dinge, die miteinander zusammenhingen und so auf einmal einen Sinn ergaben.

Alle zusammen trugen sie eines in sich – *Heilenergien.*

Angefangen von der Bestrahlungslampe mit einer Energiequelle von 2000 Watt bis hin zu den Bäumen, Früchten, Kräutern, Gewürzen, Farben, Edelsteinen, Klängen oder Düften – alle hatten sie etwas gemeinsam – eine natürliche

Hilfe für unsere Gesundheit, unser Wohlbebefinden und unsere Lebensfreude.

Einen bunten Blumenstrauß habe ich für Sie, meine lieben Leser, gepflückt und in dieses Buch gelegt.

Möge er Ihnen Freude machen und Licht und Farbe in Ihr Leben bringen.

Waltraud-Maria Hulke
Hamburg, am 16. Juli 1990

Zurück zur Natur

Jahrtausendelang bildeten vorwiegend Pflanzen, Kräuter und Früchte die Heilmittel der Menschen und sie fanden in den Schätzen der Natur alles, was sie für ihre Gesundheit und ihr Wohlbefinden benötigten.

Die Natur verfügt in der Tat über eine große Schatzkammer von Wirkstoffen in überreichlicher Fülle.

Die Energien der Pflanzen, Kräuter und Früchte, die der Erde und Gewässer und die Energien der Mineralien, Metalle, der Edelsteine und der Farben, der Töne und Düfte, sie alle wurden schon seit Menschengedenken als subtile Kraft genutzt, um damit die Energien im menschlichen Körper zu stimulieren und um ihn so zu regenerieren und zu heilen.

Die fortschreitende Technisierung hat uns Menschen aber immer weiter weggeführt von unserem Ursprung, der in der Natur seine Wurzeln hat.

Nun stehen wir an einem Wendepunkt, denn es ist eine Tatsache, daß die enorme Entwicklung unseres technischen Zeitalters, mit den unzähligen Möglichkeiten allein auf medizinischem Gebiet, die Menschheit nicht gesünder gemacht hat.

Das Gegenteil ist der Fall.

Die Zahl der Krankheiten wird immer größer, trotz der gewaltigen Mengen an Arzneimitteln, die dagegen zur Verfügung stehen.

Das Zeitalter des Computers verführt auch immer mehr dazu, seinen Körper als einen stets einsatzbereiten und allzeit verfügbaren Mechanismus zu betrachten, der – sobald er eine Störung aufweist – sofort, sozusagen auf »Knopfdruck«, mit denen dafür auf chemischen Weg hergestellten Gegenmitteln zur Funktionsfähigkeit genötigt wird.

Es ist heute eine Gewohnheitshaltung geworden, ohne viel darüber nachzudenken, sofort zur Tablette zu greifen, sobald irgendeine körperliche Störung oder Unpäßlichkeit auftritt.

Man hat Kopfschmerzen und nimmt ganz einfach Kopfschmerztabletten. Auch bei Verdauungsstörungen werden schnell Abführmittel geschluckt und nach einer hastig eingenommenen Mahlzeit, die oftmals aus unbiologischen Fertigprodukten besteht, greift man sofort zur Magentablette, ohne darüber nachzudenken, daß der Körper mit diesen Störungen etwas ausdrücken möchte.

Doch anstatt die »Körpersprache« zu verstehen und die Mißstände von der Ursache her zu beheben, wird der Organismus mit Anti-Schmerzmitteln betäubt und damit zum Schweigen gebracht.

Die Schmerzempfindung der Nerven wird kurzerhand ausgeschaltet und man glaubt, damit seine Probleme behoben zu haben.

Das ist aber ein großer Irrtum, denn der menschliche Körper ist keine so einfach zu bedienende »Maschine«.

Er ist weitaus umfassender und tiefgreifender in seiner Struktur und läßt sich nicht allein durch äußerliche Eingriffe manipulieren, indem man ihm Tabletten zuführt, um damit Störungen außer Funktion zu setzen. Damit wird immer nur die Auswirkung behoben, aber niemals die auslösende Ursache, denn die Ursache eines körperlichen Leidens liegt viel tiefer und findet in der Tatsache, daß der Mensch eine Einheit aus Körper, Geist und Seele darstellt, eine einleuchtende Erklärung.

Nur wenn diese drei Komponenten in einem harmonischen Einklang zueinander stehen, kann man von *Gesundheit* im wahrsten Sinn des Wortes sprechen.

Daß wir Menschen trotz der enorm fortschrittlichen Entwicklung und dem Überangebot zahlreicher Medikamente und komplizierter medizinischer Apparaturen nicht gesünder, sondern immer krankheitsanfälliger und leidender geworden sind, ist doch Beweis genug, daß wir nicht in einer Übertechnisierung unser Heil finden können, sondern daß wir uns im verstärkten Maß wieder unserer Wurzeln besinnen müssen, die in der Natur ihren Ursprung haben. Doch stattdessen zerstören wir unsere Umwelt immer mehr und tiefgreifender.

Die Luft – unsere Lebensenergiequelle – ist von chemischen Giften verpestet und unsere Gewässer, die ihrer Bestimmung nach eine reinigende und lebensspendende Bedeutung haben, sind verschmutzt und vergiftet.

In unseren Lebensgewohnheiten und in unserem Konsumverhalten ist eine Gedankenlosigkeit eingetreten, die uns von unserem Ursprung immer weiter entfernt.

Konsum – Chemie – Müll – Umweltgifte – das ist ein Kreislauf geworden, der bedenkliche Formen angenommen hat und der nur durch eine allgemeine Bewußtseinsänderung in andere Bahnen geleitet werden kann.

Es ist höchste Zeit geworden, daß wir ein bewußtes Umdenken vornehmen, wenn wir unserem Lebensraum Erde und damit gleichzeitig uns selbst eine fundierte Hilfe geben wollen.

Wir Menschen sind es, die wir die Harmonie der Schöpfung empfindlich gestört haben und jeder von uns trägt dafür seinen Teil der Verantwortung.

Wir müssen wieder zu unseren Wurzeln zurückfinden und uns vor Augen führen, daß es in der Natur unendlich viele, reichhaltige Schätze gibt die dazu imstande sind, uns auf natürliche, unschädliche Art eine Hilfe zu geben, um unser Leben damit gesünder zu gestalten und zu bereichern.

Wir brauchen keine Vitamintabletten, Abführmittel oder Schmerzblocker mehr, wenn wir uns der unschätzbaren Hilfe, die in den natürlichen Quellen der Natur liegt, bewußt sind.

Sicherlich ist es für viele weitaus bequemer, nach einer Tablette oder einem Fertigprodukt zu greifen, als sich der kleinen Mehrarbeit zu unterziehen, welche in der Zubereitung eines natürlichen Heilmittels liegt.

Aber man sollte dabei auch bedenken, daß man für diese relativ kleine Mühe einen enormen Vorteil gewonnen hat, der in den natürlichen Heilkräften liegt, die mit ihrer gewaltigen Energie unmittelbar imstande sind, in das ganzheitliche Geschehen des Organismus einzugreifen, um ihm damit einen Anstoß zu geben, seine gestörte Harmonie auf natürlichem Weg wieder auszugleichen und seine Funktionsfähigkeit zurückzugewinnen.

Unser Körper ist ein wahres Wunderwerk der Schöpfung.

Er kann sich immer wieder regenerieren und erneuern, wenn wir ihn mit einer ausgewogenen, sinnvollen Ernährung, einer naturgemäßen Behandlung und Pflege und einer positiven Denkensweise dabei unterstützen, indem wir die vielfältigen Möglichkeiten, die uns die Natur zur Verfügung stellt, darin miteinbeziehen. Mein Anliegen ist es, mit diesem Buch einen Denkanstoß zu geben und aufzuzeigen, daß es oftmals mit ganz einfachen, natürlichen Mitteln möglich ist sich zu helfen und dadurch ein Leben in Gesundheit und Wohlbefinden zu gewinnen. Ein Leben, an dem man Freude hat und das man gerne und bewußt lebt.

Zeugnisse antiker Heilkunde

In der Frühzeit der Kulturen gab es schon praktische Anweisungen, wie und in welcher Form die Heilkräfte der Natur zu nutzen waren. So wurde von den alten Heilkundigen beispielsweise die Banane als »magische Frucht der Götter« gepriesen. Man betrachtete sie als das Geheimnis der Natur für langanhaltende Gesundheit und Jugendlichkeit.

Die Ginsengwurzel wird wegen ihrer verjüngenden, belebenden und wiederherstellenden Kräfte bereits seit über 5000 Jahre verehrungsvoll verwendet und das gilt auch für den Honig, der den Göttern sogar als Opfergabe dargebracht wurde und den man als das natürliche Allheilmittel verehrte.

Wie man aus archäologischen Funden weiß, hat man auch den Zusammenhang zwischen Farben und Leben schon vor mehr als 10.000 Jahren erkannt und damit zählt die Verwendung von Farben zu den ältesten Zeugnissen der Heilkunde.

Im antiken Ägypten baute man Farbtempel, deren 7 Räume von je einem der 7 Farbstrahlen aus dem Sonnenspektrum beherrscht wurde. Dorthin brachte man die Kranken zur Gesundung von Körper und Geist, sowie zur Vertiefung spirituellen Verstehens.

Es sind aus der Antike auch Anweisungen überliefert, wie und in welcher Form Edelsteine in der Heilbehandlung eine wichtige Rolle spielten. Sie wurden zumeist in pulverisierter Form eingenommen, äußerlich aufgelegt, oder zu Heilsalben und Tinkturen verarbeitet, wobei die Perle, der Saphir oder der Malachit besonders gefragt waren.

Auch die Musiktherapie ist so alt, wie die Heilkunst selbst. Die Musik stand schon immer in einem engen Zusammenhang mit der Gesundheit, denn man hatte schon früh erkannt, daß sie dazu imstande ist, den menschlichen Körper in einen Zustand der Ruhe zu versetzen und darüber hinaus Seele und Geist zu harmonisieren und so seine Heilung zu fördern.

Mit den natürlichen Düften und Aromen hatte man bereits in der Antike ein wirkungsvolles Therapiemittel in der Hand, das über die Atmung in den Organismus gelangt, die innere Sekretion der Drüsen und das Nervensystem anregt, wodurch die körperliche Abwehr gestärkt und eine Stimulation von Körper, Geist und Seele erwirkt wird.

Die beiden Pharaoninnen Nofretete und Kleopatra, die ein Spiegelbild altägyptischer Hochkultur darstellen, sind bis in unsere heutige Zeit als ein Abglanz wahrer Schönheit bekannt.

Sie kannten viele Geheimnisse der Natur und sie wußten um die schönheitsfördernde und gesunderhaltende Wirkung natürlicher Heilmittel.

Überliefert sind uns nicht nur das Bad in Eselsmilch, sondern auch die aromatischen Badeöle, die das Badewasser zum Sprudeln brachten und es nach dem jeweiligen Bedarf rot, blau oder grün färbten.

Zusätze aus Kräutern, aromatischen Ölen, Gewürzen und Blüten waren wegen ihrer anregenden Wirkung sehr begehrt.

Zur Gesichtsmassage wurde frischer, grüner Pflanzensaft verwendet, um damit die Jugendlichkeit der Haut zu bewahren.

Heute ist es wissenschaftlich erwiesen, daß das Chlorophyll dazu imstande ist, der Haut bis ins hohe Alter hinein Jugendlichkeit und Frische zu bewahren und auch die positiven Einflüsse des Blattgrüns auf das vegetative Nervensystem sind bekannt.

Daraus kann man erkennen, daß nicht nur Kräuter, Früchte und Gewürze, sondern auch die Farb- und die Aromatherapie wohlbekannt waren und sich großer Beliebtheit erfreuten.

Die berühmten Schönheitsmittel der ägyptischen Königinnen wurden nicht nur aus Quarzen, Salzen und Kristallen, sondern auch aus Fisch- und Pflanzenölen, Blütenblätter-Essenzen und Honig hergestellt. Die Ginsengwurzel und die Gewürznelke wurden ebenso verwendet, wie Akazien- und Hibiskusblüten, oder die Blüten des Eibisch und des Ingwers, die einen besonders lange anhaltenden Duft ausströmen.

Die Zutaten der Schönheitsmittel wurden in Ölen oder in frischem Quellwasser 7 Tage lang angesetzt.

Dann wurde alles vermischt und am frühen Morgen, wenn der Tag noch seine volle Kraft hatte, mit großer Ausdauer gerührt.

Dazu verwendete man ungeschliffene Diamanten, denn man wußte um die starken Energieschwingungen dieses Edelsteins, welche man auf diese Weise auf die Schönheitsmittel übertragen hat.

Dieser Blick zurück sollte uns deutlich machen, wie sehr die Menschen der frühesten Kulturen über die Naturphänomene Kenntnis hatten und wie stark sie diese in ihr Leben einbezogen haben, um daraus Gesundheit, Schönheit und Wohlbefinden zu schöpfen.

Orientalische Geheimnisse

Jugendlichkeit, Gesundheit, Schönheit und Wohlbefinden sind der Lohn für eine ausgeglichene, gesunde Lebensweise – das war die Ansicht der alten, heilkundigen Orientalen.

Für sie war der Körper ein sichtbarer Ausdruck des Bewußtseins, wobei jedes Organ und jeder Körperteil einem bestimmten geistigen Inhalt und einer bestimmten kosmischen Energie entspricht.

Ihre Heilmethoden basierten auf dem Grundsatz:

»Heile zuerst die Ursache und dann das Symptom«.

Sie hatten erkannt, daß sich die Symptome zusehens bessern und Gesundheit und Wohlbefinden nach sich ziehen, wenn erst einmal die Störung beseitigt ist, die zum Entgleisen der Harmonie und somit zu einer Krankheit geführt haben.

Bei irgendwelchen Krankheitsanzeichen versuchten sie sofort, das innere Gleichgewicht des Kranken wiederherzustellen, um so die seelische Zerrüttung aufzuhalten und um dann durch ganz natürliche Methoden eine Harmonie und damit eine Heilung zu erzielen.

Alle Grundelemente der alten, orientalischen Heilkunst hatten also die Wiederherstellung dieser »Heilenden Harmonie« zum Ziel. Einer Überlieferung nach ersann Kaiser Huang-ti Nei Ching (2697 – 2595 v. Chr.) ein Kreislaufsystem der inneren Ordnung, welches er in zwei grundsätzliche Prinzipien einteilte: Yin und Yang. Die linke Körperhälte symbolisiert das Yin – das Innen, das Gefühl, die Liebe, das Nehmen, das weibliche Prinzip, die Phantasie, die Vorstellungskraft, die Farbe Schwarz. Die rechte Körperhälte symbolisiert Yang – das Außen, den Willen, die Weisheit, das Geben, das männliche Prinzip, die Logik und rationale Überlegung und die Farbe Weiß.

Der Einklang dieser beiden Hälften ist vollkommene Harmonie, das war die chinesische Vorstellung von Yin und Yang, den beiden Energieströmen im Körper die im Gleichgewicht stehen müssen, damit dieser gesund bleiben kann.

»Bleibe im Gleichgewicht«, schrieb der Kaiser, den man auch den »Gelben Kaiser« nannte, »dann kannst du das Geheimnis von Jugend und Gesundheit finden.«

Nichts ist stabil – alles wird nur in einem Gleichgewicht gehalten. Wird dieses Gleichgewicht durch Überschuß oder Mangel gestört, dann führt das zu Krankheit und Unbehagen und es gilt, die Ursachen zu erkennen und das Energiegleichgewicht wiederherzustellen, damit sich die Körperfunktionen ausgleichen und normalisieren können und die beiden Energieströme Yin und Yang wieder in einem ausgewogenen Gleichgewicht im Körper zirkulieren. Die weisen Orientalen waren die ersten, die die Heilkräfte der Natur erkannt haben. Sie hatten eine reiche Auswahl davon zur Verfügung und konnten sich so ihre Gesundheit und Jugendlichkeit bis ins hohe Alter hinein bewahren.

Natürliche Heilmittel, wie z.B. Pflanzen, Kräuter, Früchte balancieren mit ihrer Energie den empfindlichen Yin-Yang-Mechanismus im Körper aus, indem sie mit ihrer Schwingungsfrequenz mit dem jeweils gestörten Frequenzbereichen in Resonanz treten und durch die auf diese Weise erzeugten Energie-Blockaden, die den Lebensstrom am Fließen behindert haben, wieder aufheben.

Wenn sich die Lebensenergie im Fluß befindet, dann sind die Selbstheilungskräfte des Körpers aktiviert und man ist gesund.

Das wesentlichste, was sich über Energie sagen läßt, ist, daß sie sich aus Gegensätzen zusammensetzt. Die beste Art, diese Gegensätze zu verstehen ist, sie sich als Kraftrichtung vorzustellen. Diese sich innerhalb der Energie befindlichen Gegensätze können nicht getrennt werden, denn das eine gibt es ohne das andere nicht. Um Bewegung entstehen zu lassen, bedarf es sowohl der negativen, als auch der positiven Komponente der Energie.

Das heißt, daß Energie ausgeglichen ist. Es ist der natürliche Zustand des Universums.

Diese Abbildung zeigt das altchinesische Symbol der

beiden Urkräfte Yin und Yang. Durch die sinusartige Trennungslinie wird das Prinzip der Statik und der Bewegung symbolisiert.

Beide Ur-Prinzipien haben ihre Entsprechung in unserem Körper. Befinden sich diese polaren Ur-Kräfte in einem fließenden Gleichgewichtszustand, dann ist ein Mensch ausgeglichen und damit gesund.

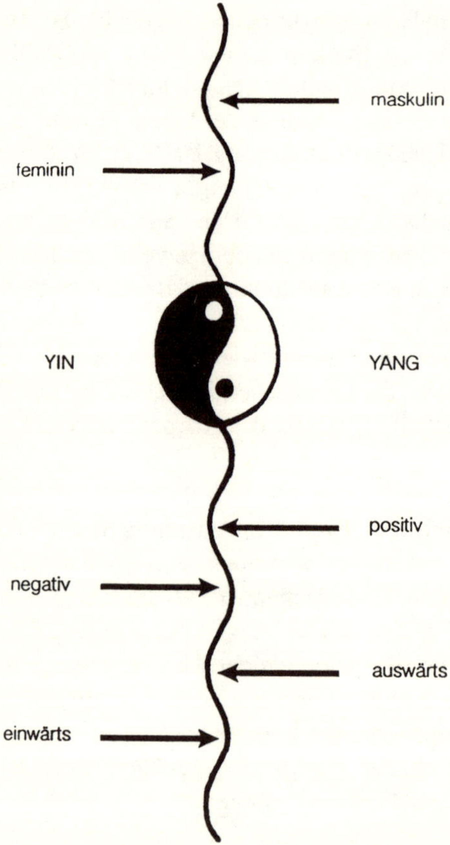

Die Macht der Gedanken

Eine wirkungsvolle Hilfe aus der Natur ist immer nur dann möglich, wenn unsere geistige Einstellung und der feste Wille, gesund und schön sein zu wollen, an erster Stelle stehen.

Es ist notwendig, uns vor Augen zu führen, daß es weitgehend in unseren eigenen Händen liegt, gesund, beschwingt und harmonisch zu leben.

Demokrit (460 – 370 v. Chr.), ein bedeutender Arzt seiner Zeit, sagte dazu:

»Da flehen die Menschen die Götter um Gesundheit an und erkennen nicht, daß sie selbst die Macht darüber besitzen.«

Und Schiller sagte:

»Es ist der Geist, der sich den Körper formt.«

Das ist eine Wahrheit, die für uns alle ihre unumstößliche Gültigkeit besitzt.

Negatives Denken und innere Disharmonie sind ein Fundament für Krankheiten und Schicksalsschläge und damit kann man auf die Dauer nicht gesund und glücklich leben.

Was man denkt, glaubt, fühlt und worüber man ständig spricht – das sind ganz entscheidende Faktoren für unseren körperlichen und seelisch-geistigen Zustand, damit gestalten wir unser Leben. Deshalb sollten wir uns immer vor Augen führen, daß jegliches Denken – sei es nun positiv oder negativ, vernünftig oder unvernünftig – die Tendenz hat, sich in unserem Leben zu verwirklichen, indem es uns zu dementsprechenden Handlungen veranlaßt, wodurch die vorprogrammierten Gedanken Wirklichkeit werden. Gedanken haben eine grenzenlose Macht.

Damit haben wir aber auch eine gewaltige Chance, unser Leben nach unseren Vorstellungen und Wünschen zu gestalten.

Der einzige Weg zu seelischer und körperlicher Gesundheit führt daher über den Geist, der mit seiner unvorstellbaren Energie Grenzen überwinden und Berge versetzen kann.

Der Mensch besteht aus einer Einheit von Körper, Geist und Seele und diese drei Komponenten greifen ineinander, beeinflussen sich gegenseitig und sind unlösbar miteinander verbunden.

So wie nichts Körperliches verändert werden kann ohne eine Veränderung des geistig-seelischen Zustandes, genauso kann auch nichts im geistig-seelischen Bereich geschehen, ohne auf den ganzen Körper Einfluß zu nehmen.

Jeder Mensch ist nur dann gesund, lebensfroh und glücklich, wenn diese drei Bereiche in einem harmonischen Gleichgewicht stehen. Dieser ausgewogene Gleichklang bedeutet *Gesundheit.* Krankheiten, Depressionen, Frustration und Unglück sind daher nichts anderes, als ein sichtbares Zeichen für innere Disharmonie.

Sie haben den Sinn, uns auf unser falsches Verhalten aufmerksam zu machen, damit wir eine Korrektur vornehmen können.

Es ist eine alte Weisheit:

Wo Leid ist – ist Irrtum, wo Schmerz ist – ist immer ein falscher Ton in unserer Lebensmelodie, der offensichtlich einer Veränderung bedarf.

Mit falschen Gedanken bestrafen wir uns selbst.

Wir werden nervös, der Blutdruck steigt, das Herz beginnt zu rasen, die Muskeln verspannen sich und die Folge davon sind Kopfschmerzen, schlechte Laune, schlechter Schlaf und obendrein wird man davon vorzeitig welk, alt und krank.

Alle Krankheiten des physischen Körpers haben eine seelisch-geistige Ursache.

Das kann ernährungsbedingt sein – unnatürliche Nahrung ist die konsequente Folge einer falschen Geisteshaltung.

Es können aber auch verhaltensbedingte Krankheitsfolgen sein, die infolge von übermäßigem Streß und Ärger, mangelnder Bewegung und Sauerstoffversorgung die Folgen einer falschen Denkensweise sind. Stoffwechselerkrankungen machen deutlich, daß der Körper durch falsches Verhalten überbelastet ist.

Krankheiten sind also nicht als Einzelgeschehen zu betrachten, auch wenn sie sich nur an einem Teil des Körpers sichtbar machen. Krank ist immer der ganze Mensch in seiner Gesamtheit.

Bevor sich ein Problem oder eine Belastung als Symptom zeigt, fühlt man in sich Wünsche, Träume oder Ideen. Wenn diese immer stärker werden und keine Beachtung finden, dann wird der innere Druck so groß, daß er sich auf körperlicher Ebene sichtbar und spürbar macht. Das können zum Beispiel kleine Störungen auf der Haut sein. »Es brennt einem etwas auf der Haut« kann ein solcher Zustand ausdrücken. Bei weiterer Nichtbeachtung des seelischen Drucks werden die Symptome immer massiver. Die Bitte des Körpers um eine Änderung dieser belastenden Situation wird nun schmerzhaft vorgetragen. Bei darauf folgenden chronischen Krankheiten schickt der Organismus bereits eine Dauermahnung, bevor es schließlich zu unheilbaren Schäden kommt.

Oftmals ist man den Hinweisen gegenüber taub, die einem der Körper auf diese Weise vermitteln will. Doch es ist so wichtig, daß man diese Signale erkennt und mit der jeweiligen Lebenssituation in Zusammenhang bringt, denn dieser besteht zwischen bestimmten Gefühlen und den entsprechenden Organen geradezu sprichwörtlich:

»Es geht einem etwas an die Nieren« oder »etwas schlägt sich einem auf den Magen« oder »man geht schon am Zahnfleisch« oder »sich etwas sehr zu Herzen nehmen«.

Diese Beispiele könnte man noch lange fortsetzen, sie sind in unserem Sprachgebrauch üblich und daher gut bekannt.

Es besteht ein ursprünglicher Zusammenhang zwischen bestimmten seelischen Konfliktsituationen und entsprechenden, körperlichen Symptomen. Das ist eine Tatsache, der man sich nicht verschließen kann und die darauf zurückzuführen ist, daß unser Unterbewußtsein entsprechende Impulse aufnimmt, um sie in logischer Folge ihrer Verwirklichung zuzuführen.

Wir müssen uns dessen bewußt sein, daß unser Unterbewußtsein niemals untätig ist.

Wenn wir es versäumen, ihm Wünsche nach unserer Wahl zu übermitteln, so setzen wir es den Umwelteinflüssen aus und das ist sehr nachteilig für alles, was wir nicht wollen, befürchten oder sogar ablehnen.

Die Notwendigkeit positiver Gedanken

Viele von uns machen den Fehler, ihre ganze Aufmerksamkeit weitgehendst den Dingen zuzuwenden, die sie nicht wollen und die sie befürchten, wie zum Beispiel Armut, Krankheit, Mißerfolg oder sonstige Fehlschläge. Diese Angst ist die Folge einer fehlgesteuerten Geisteshaltung, die zur Folge hat, daß man damit genau das Äquivalent dessen anzieht, worüber man am häufigsten nachdenkt und was man befürchtet. Düstere, trübe Gedanken beinhalten den

Glauben an das Unglück, denn indem man etwas befürchtet, hält man es ja immerhin für möglich, daß es eintreten könnte.

Zuversichtliche und positive Gedanken bewirken dagegen genau das Gegenteil, denn sie beinhalten den Glauben an das Glück und an das Gute. Alle Gedanken, seien sie nun positiv oder negativ, haben also die Macht, Lebensumstände zu verwirklichen, die ihnen verblüffend gleichen.

Gedanken haben eine unglaubliche Energie und deshalb kann man tatsächlich sagen: der Mensch ist das, was er tagtäglich denkt. Gedanken können zerstören und behindern, aber sie können einen Menschen auch aufbauen, beflügeln und zu höchsten Höhen hinauftragen!

Sie können ein Bremsklotz oder ein Gaspedal sein – es liegt an uns selbst, welchen Hebel wir betätigen wollen.

Unsere Gedanken besitzen nämlich die Macht, selbst in den Atomen feinste Schwingungen auszulösen, die sich immer mehr verfestigen, bis sie schließlich zur Realität werden, wobei Furcht und Angst die negative Energie einer inneren Schwäche ist, mit welcher man sich fest an Begrenzungen und Mißerfolge klammert.

Je mehr wir uns aber bemühen, kraftvolle, positive Schwingungen aus unseren Gedanken in unser Leben einfließen zu lassen, je mehr tragen wir dazu bei, daß sich gute Dinge und glückliche Umstände in unserem Alltag verankern.

Jeder Mensch ist dazu fähig, diese kraftspendenden Energien aus seinem Inneren hervorzuholen und auszustrahlen – es kommt nur darauf an, daß man seine Gedanken richtig motiviert und einsetzt.

Der Einfluß von außen

Negative Gedanken haben die Macht, Krankheitssymptome hervorzurufen, wie das am folgenden Beispiel eindrucksvoll bewiesen wurde. In seinem bemerkenswerten Buch »Wunder, die Sie selbst vollbringen« beschreibt Napoleon Hill ein Experiment, das er selbst einige Male als Demonstration durchführte, um damit zu beweisen, daß ein Mensch durch bloße Suggestion ernsthaft krankgemacht werden kann. Die Demonstration wurde unter der Assistenz von 4 Helfern während einer Veranstaltung durchgeführt. Ein Zuhörer wurde insgeheim als »Opfer« ausgewählt und dann geschah folgendes: Helfer Nummer eins sagte zu dem Mann: »Fühlen Sie sich nicht wohl? Sie schauen aus, als seien Sie krank.«

Helfer Nummer zwei ging dann raschen Schrittes auf das »Opfer« zu und rief aufgeregt: »Entschuldigen Sie, aber Sie sehen so auffallend blaß aus. Ihrem Aussehen nach scheinen Sie einer Ohnmacht nahe zu sein. Soll ich Ihnen ein Glas Wasser holen?«

Wenig später erschien Helfer Nummer drei und sprach den Mann besorgt an: »Lassen Sie sich stützen. Sie machen den Eindruck als würden Sie gleich umkippen.«

Dann wandte er sich an die Umstehenden und forderte sie auf: »Leute, helft mir einen Platz zu suchen, wo wir den Mann hinlegen können. Er ist krank.«

War das »Opfer« dann noch nicht ohnmächtig, so kippte es gewöhnlich um, wenn Helfer Nummer vier herankam, es am Arm faßte und entsetzt rief: »Holt schnell einen Arzt. Der Mann muß sofort in ärztliche Behandlung.«

»Ich führte dieses Experiment viele Male durch und es gelang mir immer, das »Opfer« vorübergehend krankzumachen«, schrieb Napoleon Hill.

Das Unterbewußtsein verwirklicht also in logischer Folge ganz getreu das, was man ihm zuführt, wie dieses Beispiel eindrucksvoll zeigt.

Bewußtsein – Unterbewußtsein

Unser Bewußtsein trifft Entscheidungen, denkt logisch, rechnet, ist kreativ, registriert Schmerz, Angst, Freude und vieles mehr. Um all dies bewältigen zu können, muß es eine Quelle haben, aus der diese Informationen kommen – unser Unterbewußtsein.

In ihm sind alle Erfahrungen unseres Lebens einprogrammiert, denn es speichert alles, was es über die Sinne aufnimmt.

Unser Bewußtsein kann vergessen – unser Unterbewußtsein nie!

Es ist immer wach und einsatzbereit und es registriert alles, was es wahrnimmt.

Diese enge Verknüpfung von Bewußtsein und Unterbewußtsein macht deutlich, wie stark sich unsere Gedanken auf unseren gesamten Organismus auswirken.

Bei allen gesundheitlichen Störungen ist also das Unterbewußtsein ausschlaggebend beteiligt.

Wenn wir unser Unterbewußtsein im Zusammenhang mit irgendeinem Problem gezielt mit positiven Ideen und Gedanken programmieren, so wird unser Bewußtsein bereits nach kurzer Zeit die erhaltenen Informationen verwerten, was positive Ergebnisse zur Folge hat. Was immer wir denken wird so Realität.

Positive Gedanken werden somit zu einer positiven Realität.

Negative Gedankenformen sind jedoch ein Mißbrauch der kreativen Vorstellungskraft.

Wenn wir also unser Unterbewußtsein mit positiven, gesundheitsfördernden und aufmunternden Autosuggestionen versorgen, dann können wir immer neue Kräfte mobilisieren und damit die beste Voraussetzung für ein gesundes, glückliches und zufriedenes Leben schaffen.

Wir sollten uns immer wieder vor Augen führen, daß unser heutiges Handeln, Denken und Tun unser Erleben von morgen bereits in sich trägt. Schicksal fällt einem nicht einfach zu, sondern man gestaltet es durch sein heutiges Tun selbst und deshalb hängt es ganz allein von den eigenen Entscheidungen und vom eigenen Verhalten ab, ob die Zukunft positiv und damit glücklich und erstrebenswert sein wird, oder mit Schicksalsschlägen antwortet, um einen Denkprozeß auszulösen, der eine Einsicht und damit eine Veränderung der als unrichtig erkannten Lebensgewohnheiten nach sich zieht.

»Ja – ich kann!«

Es gibt viele Möglichkeiten der positiven Beeinflussung unseres Unterbewußtseins.

Eine sehr kraftvolle und hilfreiche Autosuggestion sind die drei einfachen Worte: »Ja – ich kann!«

Man kann sie in seinen Gedanken längere Zeit festhalten, oder mehrmals hintereinander laut vor sich hinsprechen.

Wenn man sie aus tiefster Überzeugung in sich wirksam werden läßt, dann geben sie einem eine Kraft, die ganz gewaltig ist und man kann diese »Ja – ich kann es – Haltung« als ein Erfolgsrezept gegen Fehlschläge und Versagensängste bezeichnen.

Diese drei Worte haben die Macht, sehr schnell eine innere Schwäche überwinden zu helfen und einen aus seinem momentanen, seelischen Tief wieder herauszuholen. Sie stellen sozusagen eine kleine »Zauberformel« mit wunderbarer Wirkung dar, wenn man einmal sein seelisches Gleichgewicht verloren hat und aus der inneren Balance geraten ist.

Unser ganzes Leben ist einem ständigen Wechsel unterworfen und es ist ein immerwährender Kampf – ein Vorwärtsstreben und ein Hinfallen, ein Gewinnen und ein Verlieren.

Wir verfügen aber über gewaltige, seelische Kräfte, um unser Leben bewältigen zu können, denn der Lebenswille ist in jedem Menschen ein starker Funke, der ihm Zündstoff verleiht, um vorwärts gehen zu können und der die Energie zum Weitermachen und zur Bewältigung von Konflikten und Problemen neu entfacht.

Zielstrebigkeit

Zielstrebigkeit ist gelebtes, positives Denken und damit eine unwiderstehliche Kraft, durch deren Einsatz sich jedes gewünschte Ziel erreichen läßt und womit auch körperlicher und seelischer Schmerz beherrscht werden kann.

»Nichts in der Welt gleicht der Beharrlichkeit.

Talente nicht – nichts ist häufiger anzutreffen, als talentierte aber erfolglose Menschen. Erziehung nicht – die Welt ist voll von wohlerzogenen Gescheiterten.

Allein Zielstrebigkeit und Ausdauer sind allmächtig«.

Kein großer Aufstieg wurde jemals ohne Fehler oder Rückschläge bewältigt, doch diese sollten als Erfahrung betrachtet werden und damit auch als Hilfe, um in Zukunft weniger oft zu stolpern.

Viele Menschen verurteilen sich selbst dazu, ihr Leben

in einem »Gefängnis« zu verbringen, welches aus Beschränkungen besteht, die sie sich selbst auferlegen, oder die sie sich von anderen aufbürden lassen. Der Grund dafür liegt oftmals in einer gewissen Angst und Unsicherheit, oder in einer Abhängigkeit, die von ihnen Besitz ergriffen hat. Das sind die Ursachen vieler seelischer Schmerzen, Fehlschläge oder Krankheiten.

Nur eines ermöglicht uns Menschen aber, uns über die Angst vor Sorgen, Mißerfolgen und körperliche Leiden emporzuschwingen und das ist die unumstößliche Tatsache, daß unser Geist keinerlei Einschränkungen unterliegt, außer denen, die wir ihm selbst auferlegen.

Jeder Mensch trägt die Verantwortung für sein Leben in seiner eigenen Hand und er hat in Form seiner geistig-seelischen Fähigkeiten und seiner Talente und Begabungen auch die Möglichkeit, dieses zufriedenstellend und glücklich zu gestalten.

Viele nützen jedoch diese gewaltige Chance nicht, resignieren und lassen ihrem ungewollten Schicksal tatenlos seinen Lauf.

Doch jeder Mensch ist dazu fähig, ein unglückliches, unbefriedigendes Leben zu verändern, denn allein seine Gedanken bestimmen sein Schicksal.

Manche sind auch der Meinung, daß ein Schicksalsschlag oder eine Krankheit der Wille Gottes sei, dem man sich fügen müsse.

Das ist jedoch eine vollkommen verkehrte Denkungsweise!

Unglück oder Leid kommen niemals von Gott, sondern immer nur aus einer falschen, inneren Einstellung.

Es ist eine Störung des inneren Gleichgewichts, aber damit gleichzeitig auch ein Versuch, diese gestörte, innere Ordnung wiederherzustellen.

Eine positive, lebensbejahende Denkungsweise ist die beste und wirksamste Vorbeugung gegen Krankheiten und Schicksalsschläge, denn die wichtigste Voraussetzung für Gesundheit, Glück und Wohlbefinden ist die ausgewogene Harmonie im Denken und Fühlen.

Optimistische, zuversichtliche und fröhliche Menschen tragen mit ihrer Geisteshaltung die stärksten Abwehrkräfte gegen Krankheiten und seelisches Leid in sich.

Eine positive Lebenseinstellung ist also die wirksamste und beste Gesundheitsvorsorge und die zuverläßlichste Hilfe für ein glückliches und befriedigendes Leben.

Intuition

Jeder Gedanke ist ein Baustein an dem Gebäude unseres Schicksals – im Guten wie im Schlechten.

Durch eine falsche Programmierung der Gedanken wird der natürliche Heilmechanismus gestört oder blockiert und ein harmonischer Ausgleich verhindert.

Man hört nicht auf seine Intuition, die sich durch die innere Stimme ausdrückt und befindet sich, geistig gesehen, auf einem Irrweg.

Die Seele aus ihren Zwängen, Ängsten und Nöten zu befreien, darin liegt die Möglichkeit, sich selbst zu helfen und heil zu sein, im wahrsten Sinn des Wortes.

Wie können wir uns also selbst helfen?

Wie können wir unser Gemüt und unseren Körper in einem Stadium der Harmonie halten, welches es den Krankheiten schwer oder unmöglich macht, uns anzugreifen?

Eines ist jedenfalls klar bewiesen:

Optimistische Menschen ohne innere Konflikte sind gegen Leid, Kummer und Krankheiten immun!

Zuerst ist es vor allem einmal notwendig, daß man in sich selbst jene Mängel herausfindet, die einem aus dem seelischen Gleichgewicht gebracht haben.

Die beste Methode dieser Selbstprüfung besteht darin, sich in eine Atmosphäre der Ruhe und des Friedens zurückzuziehen, um so seiner inneren Stimme die Möglichkeit zu geben, sich auszudrücken.

In solchen Augenblicken der inneren Ruhe wird man erkennen, daß man aus einer Meditation eine große Hilfe schöpfen kann und sein Leben wieder klarer vor sich sieht und daß einem dadurch Intuitionen zuteil werden, die auf schwierige Lebenssituationen oder auf wichtige Fragen eine ganz deutliche Antwort geben. Die Intuition ist eine geistige Fähigkeit, die nichts erklärt, sondern nur den Weg zu einem besseren, erfüllteren Leben weist. Die Intuition sagt einem, was man tun soll, sie sagt aber nie, warum man es tun soll.

Wenn man nun beginnt, die Antwort zu prüfen und auf Logik hin zu durchleuchten, so wird man enttäuscht sein.

Zum sinnvollen Ausnützen der Intuition sind also Zuversicht und Gottvertrauen erforderlich.

Der erste Eindruck der aufsteigt, darf nämlich nicht verdrängt oder verändert werden, denn damit würde man die Ursprünglichkeit der Intuition zerstören.

Da der Geist weder Zeit noch Raum kennt, ist im Augenblick der Fragestellung bereits die Antwort vorhanden.

Durch diese Voraussetzung ist die Intuition in allen Lebenslagen unsere wirkungsvollste Hilfe. Gleichgültig, wofür man sie einsetzt – sie hat sofort die richtige Antwort bereit, wenn man auf sie hört und ihr das notwendige Vertrauen entgegenbringt. Die Intuition öffnet unseren Geist also für neue Dinge, weist uns den Weg und ist sogar manchmal schon zum Retter in lebensbedrohlichen Situationen geworden, wenn in einem Bruchteil von Sekunden die richtige Entscheidung notwendig war.

Alles das, was wir an Großem in dieser Welt sehen können, ist nur deshalb geschaffen worden, weil ein Mensch das unbändige, zwingende, intuitive Gefühl hatte, dieses tun zu müssen – und das oftmals gegen die normale, menschliche Vernunft und gegen den Widerstand seiner Mitmenschen, was das Schicksal der meisten großen Erfinder und Pioniere ist.

»Was Du tun kannst, oder glaubst zu können, fang nur an!

Kühnheit hat Genie, Macht und Zauberkraft,« sagte Goethe.

Intuitionen tun sich immer kund.

Man muß nur darauf achten und der kleinen, leisen Stimme im Inneren vertrauen, die einem immer hilfreich zur Verfügung steht und die in allen Lebenslagen eine sehr wirkungsvolle Hilfe ist.

Hilfe zur Selbsthilfe

Niemand kann sich davor schützen, durch irgendwelche unvorhergesehene Umstände negativer Art in ein seelisches Tief zu geraten, aus welchem man momentan keinen Ausweg weiß und welches einem über den Kopf zu wachsen droht.

Viele greifen dann gleich zu den schnell wirksamen »Trostspendern«, Alkohol, Nikotin, Beruhigungstabletten, oder sie geben einem Eßzwang nach, um sich damit einen Ausgleich und eine Beruhigung zu verschaffen.

Doch damit hat sich das ursprüngliche Problem nur noch mehr verstärkt – und letztendlich wird man immer unglücklicher und deprimierter.

In einem solchen Fall ist es viel besser, eine Hilfe zur Selbsthilfe bereit zu haben, die man sich sozusagen als »Hausapotheke gegen seelischen Kummer« bereits gut vorbereitet hat, um im Notfall schnell darauf zurückgreifen zu können.

Das spontanste und wirkungsvollste Heilmittel gegen ein Seelentief ist nämlich die Freude.

Die Freude besitzt einen reichen Heilwert auf alle Organe unseres Körpers und somit auch auf unsere Seele.

Jeder Gedanke und jedes Gefühl löst im Körper einen bestimmten, chemischen Prozeß aus und dabei entstehen Stoffe, die genau dem Charakter des jeweiligen Gedankens oder Gefühls entsprechen.

Das können sowohl Giftstoffe, als auch heilsame Stoffe sein, die das Abwehrsystem schwächen oder stärken.

Im Hinblick auf diese Tatsache ist es sehr hilfreich, wenn man seine Gedanken so schnell wie möglich auf *Freude* programmiert, denn das ist die wirkungsvollste Selbsthilfe überhaupt. Jeder kennt sich selbst am besten und weiß, was ihm Freude macht und womit er seine Lebensgeister wiedererwecken kann.

Dadurch kann sich der Körper schnell regenerieren, die Abwehrkräfte werden stimuliert und man fühlt sich bald bedeutend besser, denn man hat neue Energien gewonnen und so meist auch eine andere Sehensweise, womit der Blick für die Lösung der anstehenden Probleme geschärft wurde. Auf diese Weise läuft dann auch die Bewältigung der Schwierigkeiten viel leichter und reibungsloser ab. Bereiten Sie in Ihrer »Hausapotheke gegen seelischen Kummer« alles gut vor, was Ihnen in Krisenzeiten Freude machen kann.

Der eigenen Kreativität und den vielen, guten Ideen sind dabei keine Grenzen gesetzt.

Hier folgen einige Vorschläge, die sich jeder nach Lust und Laune beliebig erweitern kann. Erlaubt ist einfach alles, was Freude macht:

* Schallplatten, Cassetten, »Musik zum Träumen«.
* Videocassetten Ihrer Lieblingsfilme.
* Ein »Verwöhn-Set« für einen Schönheitstag zu Hause: Duftbad, Körperpeeling, Schönheitsmaske, Haarfarbe, Körperemulsion.
* Ein neues Parfum – und schon breitet sich eine andere Atmosphäre um Sie herum aus.
* Alte Liebesbriefe, Fotos, Kindheitserinnerungen, die man gerne wieder einmal zur Hand nimmt.
* Bastel- oder Malzubehör, um damit Ihrer Kreativität freien Lauf lassen zu können. Kreativität trägt schöpferische Energie in sich. Sie ist eine sehr wirkungsvolle und schnelle Hilfe, um auf bessere Gedanken gebracht zu werden. Dazu gehören auch Handarbeiten.
* Ein kleines, hübsch verpacktes Geschenk, das Sie sich schon vorsorglich zurechtgelegt haben, um sich oder einem lieben Menschen damit eine Freude machen zu können. Bedenken Sie immer: »... denn die Freude, die Du gibst, kehrt ins eig'ne Herz zurück!«
* Oder ganz einfach etwas Bargeld, damit Sie gleich loslaufen können, um sich ein »Trostpflaster« zu besorgen, eine neue Frisur machen zu lassen und sich kleine Freuden zu gönnen, die Sie fröhlich stimmen.
  Übrigens: die Farbe Orange trägt auch dazu bei!

Das Wesentliche dabei ist nur, daß Sie alles gut vorbereiten, damit Sie bei Bedarf alles bereit liegen haben, was dazu beiträgt, Sie von Ihrem Kummer abzulenken, damit die Freude schnell wieder die Oberhand gewinnen kann.

»Wer Schönheit des Körpers, des Geistes oder der Seele will, der schaffe die Atmosphäre und das, wodurch das Leben selbst jene Kräfte entfaltet«, sagte Edgar Cayce.

Das bedeutet, daß man jederzeit mit der Kraft seiner Gedanken Energien zu bestimmten Teilen seines Körpers leiten kann – sowohl positive, als auch negative.

Wenn man sich gezielt ablenkt und beschäftigt, dann kann sich das innere Kraftpotential rasch aktivieren, weil sich die Gedanken positiven, aufbauenden Dingen zugewandt haben und dadurch die innere Balance wiedergewonnen werden kann.

Ist man erst einmal soweit gekommen, dann ist man auch wieder aufgeschlossener und bereit, seine Probleme ohne Emotionen zu überdenken und zu lösen.

Es ist also ganz wichtig, daß man bei Kummer und Sorgen nicht ständig in selbstquälerischer Weise darüber nachgrübelt, weil so ein Energiestau entsteht und die Probleme dadurch noch schlimmer und bedrückender werden.

Viel besser ist es, scin Bcwußtsein davon abzulenken und sich schöneren Dingen zuzuwenden – Musik, Freude – denn damit wird die Energie vom Schmerz weggeleitet und fließt hin zum Sonnengeflecht, dem Sitz unseres Unterbewußtseins und dem Energiezentrum in unserem Körper, das die Freude am Dasein symbolisiert.

Durch die Umpolung der Gedankenkraft wird die Energie von dort aus wieder zum Fließen gebracht, der Schmerz klingt ab und damit kommen auch neue Ideen und Gedanken, wie man sein Leben am besten wieder in den Griff bekommen kann.

Das Prinzip zur Selbsthilfe lautet also:

Energie folgt dem Gedanken.

Die wichtigste Voraussetzung dafür ist jedoch die Ausgeglichenheit des elektromagnetischen Feldes in unserem

Körper und darauf können wir mit positiven Gedanken und einem tiefen, bewußten Atmen gezielt einwirken.

Unser Leben mit allen seinen Anforderungen und den Problemen und Sorgen, die oftmals reichlich an uns nagen, kann mit ein wenig Freude ganz schnell wieder ins rechte Lot gebracht werden. Es geht nur darum, die heilsame Kraft der Freude, die immer einsatzbereit ist, zu erkennen und auszunützen, denn damit können wir auch ganz schwere Lebenskrisen erträglicher gestalten und leichter überbrükken.

Es gibt immer einen Ausweg

In jedem Leben gibt es Situationen, von denen man sich überfordert fühlt und von denen man glaubt, sie nicht bewältigen zu können.

Doch gerade dann ist es sehr wichtig, sich nicht fallen zu lassen und zu resignieren.

Es hat keinen Sinn, den Kopf hängen zu lassen und mit sorgenvoller Miene seine Probleme mit sich herumzuschleppen, denn damit signalisiert man unübersehbar die unliebsame Lage, in welcher man sich befindet und macht alles noch schlimmer.

Man verdeutlicht seinen Mitmenschen nämlich ganz klar den Kummer, die Sorgen, den Ärger der einen ereilt hat und den Frust, den man darüber empfindet und damit erhält man genau das von ihnen zurück, was man selbst ausstrahlt, nämlich negative Empfindungen und Reaktionen.

Damit verstärkt sich die eigene schlechte Stimmung noch mehr. Es geht immer mehr bergab.

Die beste Hilfe, die man sich in einer solchen Situation selbst geben kann, ist immer die, daß man Haltung bewahrt, sich um ein Lächeln bemüht und schlechte Dinge ganz einfach nicht so akzeptiert, wie sie sich im Augenblick zeigen.

Nehmen Sie schlechte Dinge nie so hin, wie sie sind.

Es gibt immer einen Ausweg!

Das gelingt am besten, wenn man sich mit positiven, zuversichtlichen Gedanken erfüllt, dabei tief und bewußt frische Luft einatmet und sein Vertrauen in sich selbst stärkt. Ja, ich kann! Von unserer körperlichen und geistigen Haltung hängen unsere Erfolge und unsere Niederlagen ab.

Dabei dürfen wir auch nicht vergessen, daß es unser Selbstbewußtsein ist, das unsere Mitmenschen wahrnehmen.

Gefühle wie Unsicherheit, sich unterlegen und nicht attraktiv genug fühlen oder ständig besorgt, enttäuscht und überfordert sein, – all das sind negative und destruktive Gedankenformen, die sich sowohl im Körper, als auch in der Ausstrahlung eines Menschen niederschlagen.

Ein gesundes Selbstbewußtsein fasziniert immer, denn es drückt eine innere Übereinstimmung zwischen einem Menschen und seiner Welt aus, in die er hineingeboren ist und mit welcher er im Einklang steht.

Die bestmögliche Voraussetzung, um mit einer unliebsamen Situation schnell fertig zu werden ist die, daß man sich so verhält, als ob das gewünschte Ziel bereits erreicht wäre, auch wenn das Problem noch nicht aus dem Weg geräumt ist.

Ohne Motivation gibt es keine Realisierung!

Es kann im Leben nur das eintreten, was man erwartet und man kann nur solche Dinge realisieren, die man sich auch bildlich vorstellen kann, denn das Unterbewußtsein denkt in Bildern.

Die Wunschprogrammierung sollte also immer sehr bildhaft erfolgen und dem gewünschten Erfolg entsprechen, denn das Unterbewußtsein hält Bilder für wertvoller als nur Worte und reagiert darauf entsprechend schneller.

Eine selbstsichere, zuversichtliche Haltung, ein beschwingter Gang, ein freundliches Lächeln, das wie ein zündender Funke auf die Mitmenschen überspringt, das sind Merkmale eines starken, zielbewußten Menschen, der sich nicht so leicht aus der Bahn werfen läßt und der sein Schicksal bewußt und tapfer lenkt.

Damit erzielt man positive, freundliche, hilfsbereite und entgegenkommende Reaktionen bei den anderen und diese kommen als enormer Auftrieb auf einen selbst zurück, heben die Lebensfreude, verleihen Kraft und Schwung und damit Erfolg, Glück und Wohlbefinden.

Die Kraft der heilenden Energien

»Bios« heißt Leben und biologisch demnach die Heilmethode, die mit einfachen und natürlichen Mitteln eine Unpäßlichkeit oder Krankheit behandelt und damit den ganzen Menschen in die Therapie miteinbezieht und nicht nur seine Krankheit allein. Allein auf den Körper gerichtete Bemühungen können Schäden nur oberflächlich reparieren – und darin liegt keine Heilung, weil die Ursache nicht behoben und damit immer noch wirksam ist.

Als große Hilfe steht uns eine Vielfalt natürlicher Heilmittel zur Verfügung, aus welchen wir eine gewaltige Verbesserung unserer Lebensqualität, Gesundheit und Wohlbefinden gewinnen können, wenn wir sie gezielt in unser Leben einbeziehen, um damit die natürliche Selbstheilungskraft, die in jedem Menschen vorhanden ist, zu aktivieren.

Es ist sehr wichtig, daß wir uns dessen bewußt sind, daß jede Zelle unseres Körpers »Bewußtsein« ist und daß wir damit auch in der Lage sind, mit unserem Bewußtsein seine Heilungsaktivität anzuregen.

Paracelsus glaubte an die selbstheilende Kraft, die jeder Mensch in sich trägt und die es zu stimulieren gilt, wenn er von einer Krankheit oder Unpäßlichkeit befallen ist.

Er sagte:

»Es gibt keine Heilmittel und auch keine Heilkräfte, die man in den Körper hineinschütten könnte. Heilen kann nur einer. Es ist der unfaßbar kundige und unbegrenzt tüchtige Heilmeister in uns. Er ist imstande, alles zu korrigieren.

Wenn ein Mensch krank wird, dann nur, weil der innere Heilmeister durch ein falsches Leben geschwächt oder behindert wurde.

Wenn ich heilen will, kann ich nichts anderes tun, als ihm zu Kräften zu verhelfen.

Das ist genau so, wie wenn ich eine halberloschene Glut wiederentfachen will. Ich brauche dazu kein Feuer, sondern nur einen winzigen Funken. Ein Funke genügt doch auch, einen ganzen Wald in Brand zu setzen.

Suche den Funken, der das Feuer Deiner Heilkraft in Dir entzündet.«

Auch für Kneipp bestand eine Heilbehandlung einfach darin, das Werk der Natur zu unterstützen, um ihr so die benötigte Freiheit und Unabhängigkeit wiederzugeben, damit sie dann eigenständig wirken kann. Er sagte:

»Doch soll der Mensch nicht bloß zu seinem Schöpfer flehen um Gesundheit und langes Leben, sondern er soll auch seinen Geist gebrauchen, um die Schätze zu finden und zu heben, welche der allgütige Vater in die Natur hineingelegt hat als Heilmittel für die vielfachen Übel dieses Lebens.«

Große Heiler, wie Hippokrates, Hahnemann, Nostradamus – um nur einige zu nennen – sie alle waren der Überzeugung, daß es keine Krankheiten, sondern nur kranke Menschen gibt.

In den alten Rezeptbüchern gibt es keine Mittel gegen etwas, sondern nur Arzneien für etwas. Die Rezepte zielten nicht auf spezielle Leiden hin, sondern sie hatten die Aufgabe, den Körper zu stärken, damit er sich selbst helfen konnte.

Der große Arzt, Dr. Edward Bach, der uns mit seiner Entdeckung der Bach'schen Blütentherapie eine unschätzbare Hilfe hinterlassen hat, erkannte, daß bestimmte wildwachsende Blumen, Büsche und Bäume höherer Ordnung durch ihre Schwingung die Kraft haben, unsere Schwingungen anzuheben, und daß sie unsere feinstofflichen Kanäle für die Botschaften unseres inneren, spirituellen Selbst öffnen können. In ihrer Wirkung können sie unseren Charakter stärken und dadurch leidvollen Erfahrungen vorbeugen. Er empfahl auch inspirierende Musik und andere schöne Dinge als Möglichkeit, sich selbst zu erheben, sich seiner Seele näherzubringen. Innerer Frieden und die Freiheit von Leiden waren die höchsten Ziele seiner Therapie. Bach-Blütenmittel heilen nicht dadurch, daß sie direkt auf körperlicher Ebene kurieren, sondern, indem sie uns helfen, in Kontakt zu unserem höheren Selbst zu gelangen, damit diese reinen Schwingungen uns durchfluten und Krankheiten wie »Schnee an der Sonne« hinwegschmilzen können.

Dr. Edward Bach vertrat die Meinung, daß es keine echte Heilung ohne eine Veränderung des Bewußtseins, der Lebenseinstellung geben kann, daß nur dadurch Seelenfrieden und inneres Glück zu erreichen ist.

Der Sinn einer natürlichen Heilbehandlung ist es, den physischen Körper zu stärken und das Gemüt zu unterstützen ruhig zu werden, um dcm Menschen damit Frieden und Harmonie zu bringen.

Solche Heilmittel gibt es in der Natur – sie sind zur Harmonisierung der Persönlichkeit und zur Heilung des Körpers geschaffen worden.

Die richtige Atmung – das Universal-Heilmittel

Der Atem ist die Voraussetzung für das Leben.

Sauerstoff ist das Lebenselixier schlechthin.

Ohne Sauerstoff gibt es kein Leben.

Prana heißt die Kosmische Kraft um uns herum, die uns Leben spendet. So wie unser physischer Körper Nahrung benötigt, um zu existieren, so benötigt unser seelisch-geistiger Bereich Prana als Energiequelle.

Die Atmung ist das vermittelnde Prinzip zwischen geistig-seelischem und körperlichem Geschehen.

Die lateinische Sprache hat für *Atem* und *Geist* die gleiche Bezeichnung, nämlich das Wort *spiritus*.

Das verdeutlicht, daß die enge Verbindung zwischen Atem und geistig-seelischen Vorgängen schon lange bekannt ist.

Das Atmen von frischer Luft ist also ein Lebensenergiespender ersten Ranges und deswegen ist bewußtes, tiefes Atmen eine gewaltige Hilfe, Anspannungen und Verkrampfungen zu lösen und das Gemüt zu beruhigen.

Alle Körperzellen benötigen zum Leben Sauerstoff, Wasser und Nahrungsstoffe. Je mehr wir davon zur Verfügung haben, umso mehr Lebensenergie und Vitalität ist in uns.

Ein Mensch kann 1 Monat ohne feste Nahrung auskommen, 1 Woche ohne Flüssigkeit und ohne Schlaf, aber er kann nur 2 Minuten ohne Sauerstoff leben, dann wird er ohnmächtig und die Gehirnzellen sterben ab.

Die beste Methode der ausreichenden Sauerstoffzufuhr ist richtiges, bewußtes, tiefes Atmen.

Für die richtige Atmung ist folgendes sehr wichtig:

* Atmen Sie immer durch die Nase, da die Luft auf diesem Weg erwärmt, befeuchtet und von Verunreinigungen befreit wird.
* Die Wirbelsäule muß vollkommen gerade sein, damit der Brustkorb nicht eingeengt wird.
* Atemübungen macht man am besten am offenen Fenster oder im Freien. Nur 10 Minuten Tiefenatmung am Tag schaffen Energie, Heiterkeit und Ausgeglichenheit, verschönern das Gesicht und erfüllen die Augen mit Glanz.
* Konzentrieren Sie sich beim Einatmen ganz auf das Ausdehnen von Bauch und Brustkorb. Stellen Sie sich dabei vor, Sie blasen einen Luftballon auf.
* Ziehen Sie beim Ausatmen den Bauch so weit wie möglich ein, um die verbrachte Luft ganz auszustoßen.
* Verfolgen Sie, wie der Atem kommt und geht, in einem immer gleichbleibenden Auf und Ab, automatisch, absichtslos, harmonisch. Entspannen Sie sich und kommen sie zu innerer Ruhe.

  Atmen Sie bedrückende, negative, krankmachende Gedanken aus und atmen Sie bewußt Licht, Sonne, positive, heitere Gedanken ein. Bedenken Sie, daß erst das Schlechte hinausgeatmet werden muß, bevor sich das Gute im Inneren festsetzen kann.

  Achten Sie auf die Ausatmung, die länger und intensiver sein soll, als die Einatmung. Zügeln Sie jedoch Ihre Atmung nicht. Lassen sie *es* ganz einfach atmen.

Wenn Sie sich diese Intensivatmung täglich 10 Minuten zur festen Gewohnheit machen, dann wird eine harmonische, liebevolle Grundhaltung ebenso zu Ihren Wesenszügen gehören, wie auch eine Gelassenheit und Fröhlichkeit, die Sie anziehend, schön und glücklich macht.

»Wer sich mit Luft ernährt, leuchtet wie ein Gott und lebt lange.« (Konfuzius)

Die 7 Hauptenergiezentren (Chakras)

Mit dem Wort »Chakra« benennt man eine Reihe von radförmigen Wirbeln, die sich an der Oberfläche des Ätherkörpers eines Menschen vorfinden. Dieser unsichtbare Teil des physischen Körpers ist es, durch welchen die Ströme der Vitalität fließen, die den Körper am Leben erhalten.

Das Leben des physischen Körpers ist einem ununterbrochenen Wechsel unterworfen. Um leben zu können, muß er aus drei unterschiedlichen Quellen versorgt werden. Er benötigt Nahrung, Luft und Vitalität, die ihrem Wesen nach eine Energie darstellt, die auf allen Ebenen gegenwärtig ist. Diese Kraft ist siebenfältiger Natur und alle ihre 7 Formen wirken in jedem einzelnen Chakra.

Dabei ist in jedem Chakra eine von ihnen den anderen gegenüber vorherrschend.

Ohne diesen Kraftstrom könnte der physische Körper nicht bestehen. Die Chakras sind bei allen Menschen in Tätigkeit, sie befinden sich jedoch, je nach der geistigen Entwicklungsstufe des einzelnen, in unterschiedlicher Farb- und Schwingungsintensität.

In einem hochentwickelten Menschen erstrahlen und pulsieren sie in einem lebendigen, strahlenden Licht und sind von einer ungeheuer großen Energiemenge durchflutet.

Das 1. Energiezentrum ist das Basis- oder Wurzel-Chakra

Auf dieser Ebene haben die im Körper auftretenden Energien ihre langsamste Schwingungsdichte.

Das Element dieses 1. Chakras ist die Eigenschaft der

Festigkeit – das Erdelement. Auf dieser Ebene erfahren wir Sicherheit, sowie das Gefühl der Zufriedenheit, des Urvertrauens. Die Schwingungen des Erdelements geben uns das Gefühl, mit beiden Beinen fest auf dem Boden der Realität zu stehen.

Dieses Chakra beherrscht alles Feste im Körper (Knochen, Nägel, Zähne). Es befindet sich an der Basis des Rückgrades.

Es ist 4fächrig und deshalb wird auch das Kreuz zur Symbolisierung dieses Zentrums verwendet. Wenn es mit genügender Vitalität arbeitet, dann ist seine Farbe ein feuriges Rot. Es hat Bezug zu den Geschlechtsorganen und Geschlechtsdrüsen und stellt das physikalische oder materielle Element dar.

Das 2. Energiezentrum ist das Milz-Chakra

Es hat Bezug zu Milz/Pankreas und ist das psychologische Element des konkreten Wissens, der Stärke und des Optimismus.

Ihm ist die Farbe Orange zugeordnet.

In diesem Energiezentrum findet die Erfahrung des Flüssigkeitsprinzips in uns statt, denn es hängt mit dem Flüssigkeitshaushalt des menschlichen Körpers (Urin und Samen) zusammen. Jeder Mangel in diesem Energiezentrum führt zu Trockenheit, was Verhärtung oder Austrocknen bedeuten kann. (z.B. Arthritis – in diesem Fall trocknet das Knorpelgewebe aus.)

Zu dieser Ebene gehört der Geschmackssinn.

Der Ausdruck »es läuft einem das Wasser im Mund zusammen« verdeutlicht das wässrige Element des Geschmackssinns.

Das Milz-Chakra dient zur Verteilung der Vitalität, die wir von der Sonne empfangen. Seiner Form nach ist es

6fächrig, das heißt, es ergießt sich in 6 horizontale Ströme, während der 7. im Zentrum liegt.

Das 3. Energiezentrum ist das Sonnengeflecht- oder Nabel-Chakra

Es befindet sich am Nabel, über dem Sonnengeflecht.

Dieses Chakra empfängt seine Primärkraft aus 10 Schwingungsfeldern und steht in engster Beziehung mit Gefühlen und Gemütserregungen aller Art. Es hat Bezug zum Sonnengeflecht und zu den Nebennieren und verkörpert das harmonisierende, verbindende Element, den Verstand und Intellekt. Ihm wird die Farbe Gelb zugeordnet.

Auf dieser Ebene erfahren wir die Eigenschaft des Ausdehnungsvermögens, der Wärme. Dieses Chakra ist der Sitz des Feuers in unserem Wesen. Licht ist eine Eigenschaft des feurigen Elements und entsteht aus diesem. Die zum gegebenen Augenblick in uns vorhandene Kraft des Feuerelements regelt also die Helligkeit dessen, was wir sehen. Fühlen wir uns gut, dann erscheint alles hell und strahlend – ist unsere Stimmung schlecht, dann sehen wir alles grau und farblos. Der Unterschied dieser beiden Stimmungen liegt in der relativen Kraft, die zu diesem Zeitpunkt vom Sonnengeflecht-Chakra ausgeht. Ein Mensch, der starke Schwingungen in diesem Chakra aufweist, wird auch viel Energie aus seiner Nahrung aufnehmen. Ein Energiemangel weist fehlende Kraft im feurigen Element auf.

Das 4. Energiezentrum ist das Herz-Chakra

Es liegt über dem Herzen.

Auf der Herzebene erleben wir die Eigenschaften der Leichtigkeit, Freundlichkeit, Beweglichkeit. Sie drückt Sympathien und Kontaktfreudigkeit aus, hat Bezug zum

Herzen und zur Thymusdrüse und ist das vitale, kraftspendende Element der Kreativität, Lebenslust und Freude, das für Harmonie und Ausgeglichenheit steht.

Diesem Element der Luft entspricht der Tastsinn.

Ein Überschuß des gasförmigen Elements Luft führt zu Benommenheit oder Schwindelgefühlen.

Früher kurierte man das mit Riechsalz, weil der Geruchsinn in Verbindung zum Basis-Chakra oder Erdelement steht.

Die überschüssige Energie wurde damit wieder zur Erde zurückgeführt und die körperliche Ausgewogenheit war wiederhergestellt.

Das Herz-Chakra erstrahlt in 12 Schwingungsfeldern. Ihm ist die Farbe Grün zugeordnet.

Das 5. Energiezentrum ist das Hals- oder Kehl-Chakra
Es liegt an der Vorderseite des Halses und hat Bezug zur Schilddrüse.

Auf dieser Ebene erfahren wir das heilende Element, die Hingabe, den Idealismus, den Respekt, das Vertrauen und den wahren Glauben. Es steht für die Inspiration und ihm wird die Farbe Blau zugeordnet. In diesem Energiezentrum finden wir die Eigenschaften des abstrakten Raumes. Dies charakterisiert das Element des Äthers. Der Hörsinn entspricht dem ätherischen Element.

(Wenn man sich an einen Ort begibt, wo nach menschlichem Ermessen totale Stille herrscht, so wird man nach einiger Zeit feststellen, daß hinter dieser Stille immer noch etwas vorgeht, was als »geräuschloser Klang« beschrieben worden ist.)

Durch den Äther werden die 4 anderen Elemente kontrolliert.

Das Kehl-Chakra stellt somit eine Verbindung zwischen

dem Prinzip des Denkens im Stirn-Chakra und diesen 4 Elementen dar.

Das 5. Chakra erstrahlt in 16 Schwingungsfächern.

Das 6. Energiezentrum ist das Stirn-Chakra
Es liegt zwischen den Augenbrauen.

Die Funktion des Stirn-Chakras ist die Beherrschung der ganzen Persönlichkeit. Es liegt auf der Ebene des Gehirns, dort, wo das Denken stattfindet und wo ein Fluß von gedanklichen Bildern und abstrakten Ideen ständig vor unserem geistigen Auge abläuft. Das 6. Chakra steht für das intuitive, anregende Element, die erweiterte Sichtweise, für wahre Liebe, verbunden mit Weisheit, Intuition, Heilsein im Sinne des Wortes. Es hat Bezug zur Hypophyse und ihm ist die Farbe Indigo zugeordnet.

Das 6. Chakra zwischen den Augenbrauen sieht aus, als ob es in zwei Hälften geteilt wäre, wobei jede Hälfte 48 Felder beinhaltet, was zusammen 96 ergibt. Das zeigt uns an, daß wir es hier mit andersartigen, höheren Zentren zu tun haben, die zu ihrem Ausdruck eine bedeutend größere Auswahl von Energien benötigen.

Das 7. Energiezentrum ist das Scheitel-Chakra
Es liegt am Scheitel des Kopfes.

Ihm entspricht das spirituelle Element einer höheren Bewußtseinsstufe, der Spiritualität. Es hat Bezug zur Pinealdrüse und ihm wird die Farbe Violett zugeordnet.

Das Scheitelzentrum ist der Sitz der höchsten Energieschwingungen im Menschen. Diese Schwingung wird in der Kunst oft als Heiligenschein dargestellt, der das Haupt von hochentwickelten, »heiligen« Menschen umgibt. Es verdeutlicht die Ausschüttung spiritueller Energie durch das Scheitelzentrum.

Dieses Chakra hat 972 Speichen.

Wenn es zu seiner vollen Tätigkeit erweckt worden ist, dann erstrahlt es in unbeschreiblichen Farben und vibriert in beinahe unfaßbarer Geschwindigkeit.

Wenn dieser Ausdruck vollendet ist, dann ist die Gnade der Vereinigung mit dem göttlichen Prinzip im Selbst erreicht.

Die Energien in den 7 Chakras

Die Energien der Chakras stehen in Verbindung mit dem Parasympathikus, dem autonomen Nervensystem und der Steuerung der Hormone. Auf diesem Weg wird unser Körper von den Energiezentren der einzelnen Chakras beeinflußt und gesteuert.

Unausgeglichene Energien in den Chakras haben Auswirkungen auf die Persönlichkeit und auf die Gefühlslage eines Menschen, denn jedes dieser Energiezentren beeinflußt ein Organ oder eine Drüse in unserem Körper.

Das 1. Basis- oder Wurzel-Chakra beeinflußt
das Blut, die Wirbelsäule, die Nerven, die Blase, die Geschlechtsorgane und die Sexualdrüsen.

Das 2. Milz-Chakra beeinflußt
die Haut, die Brustdrüsen, die Nieren und die weiblichen Geschlechtsdrüsen.

Das 3. Sonnengeflecht-Chakra beeinflußt
das Zwerchfell und die Atmungsorgane, die Haut, die Galle, die Leber, die Nebennierenrinde, Duodenum und Pankreas.

Das 4. Herz-Chakra beeinflußt
das Herz, die Lungen, die Lymphdrüsen und die Thymusdrüse, das Immunsystem.

Das 5. Kehlkopf-Chakra beeinflußt
den Hals, die Schilddrüse, den Kehlkopf, die Nerven, die Ohren und die Muskeln.

Das 6. Stirn-Chakra beeinflußt
das Gehirn, die Augen, die Ohren und die Nase, die Hypophyse.

Das 7. Scheitel-Chakra ist offen für höhere, unbegrenzte Energien und vermittelt den Zugang zum Unbewußten.

Ausgeglichene Energien im 1. Chakra:

Gesundheit, Lebensfreude, Bezug zur Realität, physische Energien, man steht mit beiden Beinen fest am Boden, Vertrauen, Zärtlichkeit, Sinnlichkeit.

Energieüberschuß:
Egoismus, Abhängigkeit von materiellen Werten und Geld, übermäßige sexuelle Energie, nervöse Hektik.

Energiemangel:
Pessimusmus, fehlendes Selbstbewußtsein, übertriebene Eifersucht, fehlendes Interesse an Sexualität, Lebensüberdruß.

Ausgeglichene Energien im 2. Chakra:

Kreativität, Phantasiereichtum, Humor, Optimismus, Kinderliebe.

Energieüberschuß:
aufbrausendes, aggressives, genußsüchtiges Wesen.

Energiemangel:
Überängstlichkeit, Übersensibilität, Frigidität oder Impotenz, Schuldgefühle, Hemmungen.

Ausgeglichene Energien im 3. Chakra:

extrovertiertes, fröhliches, intelligentes, entspanntes Wesen, Fähigkeit zu Gefühlsäußerungen, Spontanität und emotionaler Wärme.

Energieüberschuß:
übertriebener Perfektionismus, Komplexe, ungewöhnliche Gewohnheiten, Überspanntheit, Abhängigkeit von Genußgiften.

Energiemangel:
Mißtrauen, Gefühle der Unsicherheit, mangelndes Selbstbewußtsein, ein Verlangen nach ständiger Bestätigung, Neigung zu chronischer Verstopfung.

Ausgeglichene Energien im 4. Chakra:
Ausgeglichenheit, gefühlvolle, menschliche, hilfsbereite Art, Freundlichkeit, Liebesfähigkeit, Hang zum Guten, Verlangen nach Harmonie in allen Lebensbereichen.

Energieüberschuß:
Kritiksucht, übertriebene Forderungen, Besitzansprüche, Launenhaftigkeit, Verspannungen im Nackenbereich.

Energiemangel:
übertriebenes Selbstmitleid, Angst vor Ablehnung, unfähig, Hilfe anzunehmen, ein Gefühl der Unwürdigkeit, geliebt zu werden, ein Verlangen nach unentwegter Bestätigung.

Ausgeglichene Energien im 5. Chakra:
Rednergabe, musikalisch oder künstlerische Begabung, Zufriedenheit, Hang zur Meditation, Zugang zu spirituellen Lehren.

Energieüberschuß:
arrogant und dominierend, selbst-gerecht, übertrieben mitteilsam, Macho-Typ.

Energiemangel:
Schüchternheit, Verspannung, Ängstlichkeit, Unzuverläßlichkeit, hintergründig, unfähig sich auszudrük-

ken, Angst vor Sexualität, manipuliert gerne im Hintergrund.

Ausgeglichene Energien im 6. Chakra:
kosmisches Bewußtsein, unabhängig von materiellen Dingen, keine Angst vor dem Tod, Fähigkeit zur Telepathie, Zugang zu geistiger Führung, inneres Glücklichsein, wahre Zufriedenheit.

Energieüberschuß:
autoritär, dogmatischer Religionsanhänger, Fanatiker, Egozentriker, Standesdünkel, stolz, bestimmend und manipulierend.

Energiemangel:
mangelndes Selbstbewußtsein, fehlende Selbstdisziplin, Angst vor Erfolg, übersensibel und leicht verletzbar.

Ausgeglichene Energien im 7. Chakra:
Zugang zum Unbewußten, Offenheit gegenüber höherer Energien.

Energieüberschuß:
Gefühle nicht realisierter Energie, Frustration, depressiv und destruktiv, unberechenbar, häufige Migräne-Anfälle.

Energiemangel:
fehlende Lebensfreude, mangelnde Tat- und Entschlußkraft.

Unausgeglichene Energien in den Chakras können mit der Farbtherapie behandelt und harmonisiert werden. Es gibt aber auch bestimmte Edelsteine, die mittels ihrer farbigen Schwingungsfrequenz auf das schwingungsgleiche Chakra, das die gleiche Farbschwingung hat, einwirken können, um dadurch eine Aufladung mit neuer Energie zu bewirken.

Die 7 Hauptenergiezentren (Chakras)

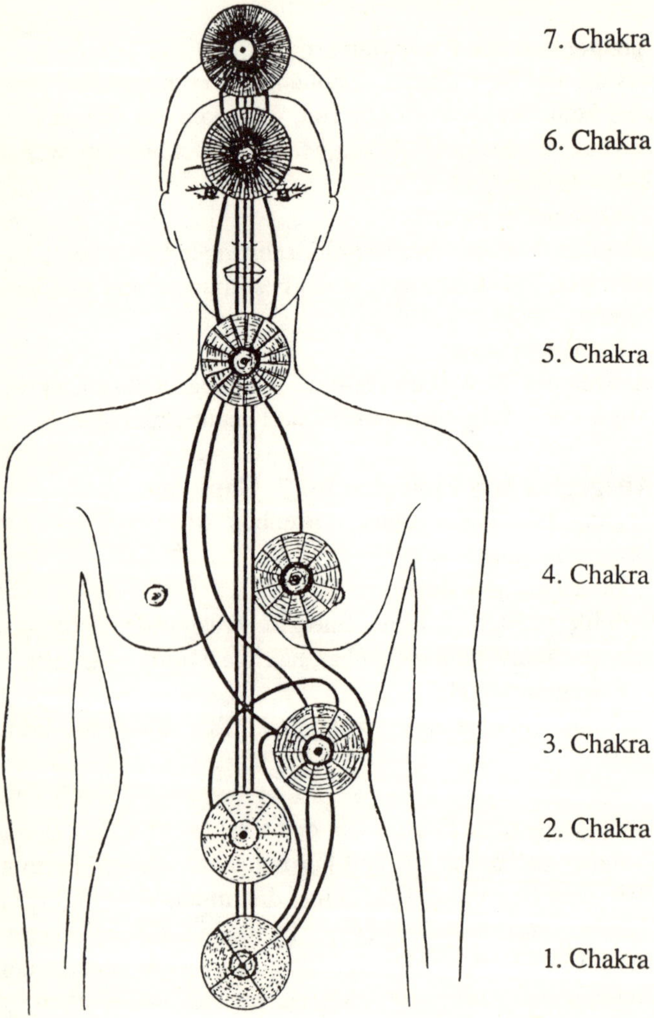

Die Heilenergie der Farben

Farben sind lebendige Kräfte-Quellen der Gesundheit und der Stärkung.

Wir können aus ihnen aktivierende und harmonisierende Energien gewinnen, wenn wir ein Verständnis für ihre Heilwirkung aufbringen und wenn wir sie richtig anwenden.

Das physiologische Wunder von Licht und Farbe umgibt uns ständig mit seiner tiefreichenden Wirkung in Bezug auf Gesundheit, Wohlbefinden und Lebensfreude, denn ihr Einfluß auf unseren Körper und unsere Psyche ist sehr vielfältig.

Farben sind Erscheinungen, die in einem Menschen Empfindungen auslösen, denn die Energiestrahlung *Farbe* wird von Körper, Geist und Seele gleichermaßen aufgenommen.

Ich möchte Sie in diesem Kapitel in die leuchtende Welt der Farben einführen und Ihnen über ihre Heilwirkung einen kurzen Überblick vermitteln, denn wenn man ihre Wirkung erst einmal erkannt hat, dann kann man die Farben gezielt in seinen Alltag miteinbeziehen und daraus eine nicht zu unterschätzende Hilfe gewinnen.

Von Goethe ist uns schon bekannt, daß er die Natur der Farben zu ergründen suchte und ihre spezielle Wirkung auf die Psyche des Menschen erforschte. (Das Werk seiner Farbenlehre erschien im Jahre 1810.)

Auch die moderne Wissenschaft untersuchte die Wirkung der Farben auf den menschlichen Körper und man kam zu der Erkenntnis, daß Farben Energien ausstrahlen, die bei richtiger Anwendung das körperliche und seelische Wohlbefinden eines Menschen entscheidend beeinflussen können.

Jede lebende Zelle erzeugt einen feinen, bioelektrischen Strom, da sie durch ihren Stoffwechsel verschiedenen Umwandlungen unterworfen ist. Diese Energie kommt einerseits aus den Elektrolyten des Blutes und der Lymphe und andererseits aus dem Universum – aus der Sonne, dem Licht, den Farben.

Farben sind feinste Sonnenkräfte, die im Körper ihre heilsame Wirkung entfalten.

Auch der Mensch ist farbig – in jeder Zelle seines Körpers ist diese Farbigkeit in allen Nuancen des Regenbogens zu sehen. Die schwingende Kraft der Farben vermag also die Selbstheilungskraft unseres Körpers anzuregen, indem sie seine Eigenschwingungen aktiviert und harmonisiert.

Farbempfindungen

Führt man einen Blinden in einen Raum, der in einem kalten Blau gehalten ist, so sinkt seine Körpertemperatur.

Führt man ihn jedoch in einen rot oder orange gestrichenen Raum, so steigt diese, obwohl die Raumtemperatur in beiden Fällen gleich ist. Das hatte man bei Experimenten herausgefunden. Die Energiestrahlung *Farbe* wird also vom menschlichen Körper ganz deutlich wahrgenommen, wie dieses Beispiel zeigt. Prof. Nils Finsen erbrachte durch Versuche den Beweis, daß Farben selbstständige Kräfte sind, die mit Suggestionskräften nicht verwechselt werden dürfen. Für seine Arbeiten über die Licht- und Farbwirkungen erhielt er 1903 den Nobelpreis für Medizin. Rot, Orange und Gelb sind warme, sich ausdehnende Farben. Rote Farbschwingungen haben einen wärmenden, vitalisierenden und anregenden Effekt. Die orangen Farbschwingungen sind unentbehrlich für Gesundheit und Vitalität. Gelbe Farbschwingungen haben eine positive, anregende Wirkung, sie bringen den Geist in Schwung und wirken positiv bei Ermüdung und Arbeitsunlust. Grün erweckt ein Verlangen, das zur Aktivität drängt.

Das Schauen ins Grüne wird, wie Goethe sagte, »als reale Befriedigung empfunden.« Diese Farbschwingung symbolisiert das Gleichgewicht und die Harmonie und ist wichtig für das gesamte Nervensystem.

Blau wirkt kühl und macht kühl. Es fördert die Heilung und wirkt entspannend und beruhigend.

Kühlende, beruhigende Heilmittel stammen von blauen Pflanzen. Diese Erkenntnis nutzt man in der Naturheilkunde.

Der uralte Brauch in der Volksheilkunde, Umschläge und Verbände mit einem blauen Tuch abzudecken, hat einen tiefen Sinn, denn Blau hat einen antiseptischen, kühlenden und zusammenziehenden Effekt.

Früher hatten die Bauern den zur Aussaat bestimmten Samen in einer blauen Schürze, da sie wußten, daß Blau das Keimen des Samens und das Wachstum der Pflanzen fördert.

Die Farbe Indigo hat einen starken Einfluß auf das Nervensystem und auf den Geist, während die violetten Farbschwingungen besonders im geistigen und spirituellen Bereich wirksam ist.

Interessant ist auch der Bericht, daß Geisteskranke, die als unheilbar galten, allein durch die Wirkung von Farben wieder geheilt wurden.

In Heilanstalten gibt es »Blauzimmer« für Tobsüchtige und »Gelb-Orangezimmer« für Melancholiker.

Durch die Farbenergie ist es also möglich, den in Unordnung geratenen menschlichen Organismus wieder in eine gesetzmäßige Ordnung zurückzuführen.

Farblichtbestrahlungen übertragen Harmonie – und indem wir für einen harmonischen Energiehaushalt unseres Körpers sorgen und so seine Abwehrkräfte stärken, wird dadurch ein allgemeiner Regenerationsprozeß eingeleitet, was Gesundheit und Wohlbefinden zur Folge hat.

Die Heilwirkung des Regenbogenspektrums

Den 7 Farben des Regensbogens entsprechen 7 Strahlen, die jeweils ihre ganz spezifischen Energieschwingungen aufweisen.

Rot

Rot ist die Farbe des Lebens, der glühenden Sonne, des Feuers, der Liebe, der Freude und des Willens, aber auch der Wut und des Zorns. Diese Farbschwingung besitzt das größte Durchdringungsvermögen. Sie bringt das Blut in Wallung und deshalb wendet man Rot bei allen Durchblutungsstörungen an. Rot ist die Farbe des Herzens, es regt zudem die Sinne an und steigert die Geschlechtskraft. Rot wirkt als Energetikum – als das Feuer in uns.

Therapeutische Anwendung von Rot

Rot wirkt stimulierend bei Energiemangel und mangelndem Bezug zur Realität. Es fördert die Bildung der roten Blutkörperchen, regt die Herztätigkeit, die Atmung und die Ausscheidung an, erweitert die Gefäße und wirkt durchblutungsfördernd.

Rotlicht beinhaltet die sogenannten »Wachstumsstrahlen« und deshalb verwendet man es auch zur Wundheilung.

(Ist die Wunde jedoch eitrig, dann nimmt man Blaulicht zur Desinfektion.)

Wirksam ist diese Farbenergie auch bei Entzündungen, Hauterkrankungen, Frostschäden, niedrigem Blutdruck, chronischem Husten, Asthma, Kehlkopfkrankheiten, aber auch bei Blasenentzündung und Verdauungsstörungen, Impotenz und Frigidität.

Nicht anwendbar bei nervösen Störungen, hohem Blutdruck, Fieberanfällen und Schwellungen.

Orange

Orange ist die Farbe der Heiterkeit und des Frohsinns, sie steigert den gesunden Ehrgeiz und vermittelt Kraft und Freude.

Diese Farbschwingung ist bei Depressionen, Unzufriedenheit und Pessimismus angezeigt. Sie ist unentbehrlich für die Gesundheit und Vitalität, fördert den Appetit und unterstützt die Funktionen des Kreislaufs und der Blutzirkulation.

Therapeutische Anwendung von Orange

Orange wirkt fördernd auf die physische und sexuelle Vitalität, verleiht Optimismus und Herzenswärme, verstärkt den Lymphfluß und hilft dem Körper beim Fixieren von Kalzium.

Bedeutend ist auch der antispasmolytische Effekt von Orange bei Krämpfen und streßbedingten Verkrampfungen. Orange wirkt anregend auf Nierenschwäche, Verstopfung und auf die Drüsen und es kräftigt das Lungengewebe.

Morgendliche Müdigkeit kann durch eine kurze Bestrahlung mit Orange behoben werden.

Nicht anwendbar bei Nervosität, innerer Unruhe und überschüssigen Energien.

Gelb

Gelb ist das Symbol der im Zenit stehenden Sonne und gilt als heiße Farbe.

Diese Farbe ist dem Sonnengeflecht, der Zentralstelle des Nervensystems und dem Sitz des Unterbewußtseins zugeordnet. Bei Bestrahlung des Sonnengeflechts mit Gelb wird positive Energie freigesetzt – Gehirn und Psyche profitieren von dieser Stimulation. Gelb wirkt außerdem fördernd auf den Intellekt, den Lerneifer und auf die geistige Auffassung, denn es bringt den Geist in Schwung und ist wirksam gegen Ermüdung und Arbeitsunlust.

Außerdem vertreibt diese Farbschwingung Trübsinn und Melancholie. Unzufriedene, mürrische Menschen wechseln unter Gelbbestrahlung ihren Gesichtsausdruck.

Therapeutische Anwendung von Gelb

Gelb stimuliert das zentrale Nervensystem, die Verdauungsfunktion, unterstützt den Stoffwechsel der Leber, (diese ist häufig für Cellulitis und Akne verantwortlich), stärkt den Muskeltonus, den Magen und regt die Lymphe an.

Gelb stärkt das Drüsensystem, macht Chronisches akut und ist bei Erkrankungen der Leber, Blase, der Nieren und des Magens angezeigt.

Außerdem ist Gelb wirksam bei Nahrungsmittel-Allergien, Blähungen, Diabetes, Blutzuckermangel, Gallensteinen, Verkrampfungen und Atemschwierigkeiten.

Nicht anwendbar bei nervösen und unruhigen Menschen.

Grün

Grün, die am meisten in der Natur vertretene Farbe, gilt als neutraler Faktor. Die grünen Farbschwingungen symbolisieren Gleichgewicht und Harmonie und sind für das Nervensystem und das allgemeine Wohlbefinden wichtig, denn Grün stärkt angegriffene Nerven, beruhigt und gibt neue Energien. Es fördert die innere Ruhe und Entspannung, wirkt erholsam und befriedigend.

Es ist auch bekannt, daß Blattgrün (Chlorophyll) dem menschlichen Körper durch Verhinderung der Ablagerung von Degenerationsstoffen bis ins hohe Alter hinein schöne Haut und Jugendkraft zu erhalten imstande ist.

Blattgrün wird als wirksames Verjüngungsmittel angesehen!

Therapeutische Anwendung von Grün

Grün hat sich bei Nervenleiden, Gicht, Bronchialkatarrh und Keuchhusten gut bewährt. Außerdem wirkt es knochenbildend, hautkräftigend, es dient zur Regeneration des Hautbildes und ist wirkungsvoll gegen Seborrhöe und Akne.

Grün wirkt ausgleichend bei Herzschmerzen, hohem Blutdruck, Ermüdungserscheinungen und Abgespanntheit. Es wird auch bei Geschwüren und Geschwülsten, Zysten und Augenkrankheiten angewendet.

Auch Schlafstörungen lassen sich durch Grün günstig beeinflussen.

Gegenanzeigen gibt es bei dieser Farbe nicht!

Blau

Blau ist die Farbe der Ruhe und Unendlichkeit.

Diese Farbschwingungen haben eine beruhigende, harmonisierende Wirkung – Blau gilt als kalte Farbe.

Blau vermindert die Pulsfrequenz, hilft überlasteten Blutgefäßen, sich zu normalisieren und wirkt antiinfektiös, schmerzstillend, beruhigend und kühlend.

Blaulicht hat chemisch wirksame Strahlen, die sogenannten »Hemmungsstrahlen«.

Blau bringt Stille, Schweigen und Zurückhaltung, es stärkt die Lebenskraft, besänftigt Unruhe und Angstzustände und fördert die innere Ruhe, Loslösung (Meditation).

Therapeutische Anwendung von Blau

Alle »hitzigen« Krankheiten verlangen Blaulicht.

Blau wirkt bei eitrigen Prozessen, bei Schmerzen und Blutfülle, bei Blutungen und Schlaflosigkeit (blaues Licht auf den Nachttisch stellen!). Blau wirkt auf Testis und Ovarien und ist daher auch bei Impotenz und Frigidität angezeigt. Außerdem ist es die Farbe des Klimakteriums.

Mit Blaulicht behandelt man auch Schilddrüsenüberfunktion, Halsschmerzen, Fieber, hohen Blutdruck, Überaktivität, Entzündungen, Verbrennungen, Hautinfektionen, Ekzeme, Geschwüre (Magengeschwüre), Gastritis, Koliken, Rückenschmerzen, Hämorrhoiden, Ohreninfektion und Entzündungen im Kiefer. Es beeinflußt günstig die Nebennieren und hat eine gefäßverengende Wirkung.

Nicht anwendbar bei Muskelverspannungen, Lähmungen und schlechter Durchblutung. Blaulichtbestrahlungen sollten nicht länger als 30 Min. dauern, da sie eine Müdigkeit nach sich ziehen können.

Indigo

Das Indigoblau als vorletzte Schwingung im sichtbaren Spektrum gilt als intuitive Farbe und verstärkt ebenfalls die

Meditationswirkung. Diese Farbschwingungen helfen dabei, ein erweitertes, positives Bewußtsein aufzubauen.

Therapeutische Anwendung von Indigo
Krankheiten der Augen, Ohren und Nase lassen sich mit diesen Farbschwingungen günstig beeinflussen.

Indigo hat einen guten Effekt bei Durchfall und Darmbeschwerden, allen Arten von Schmerzen und seelischer Erschöpfung.

Nicht anwendbar bei Schizophrenie und Berührungsängsten oder starken Hemmungen.

Violett

Violett ist als die Farbe des Geistes bekannt, wirkt auf das Unterbewußtsein, gibt geistige Kraft und Erkenntnis, verstärkt jede Meditation und gilt als Farbe der Inspiration.

Violett hat die höchsten und feinsten Schwingungen des Farbspektrums.

Therapeutische Anwendung von Violett
Depressionen, Migräne, Haarausfall und Schuppen werden mit Violett behandelt.

Außerdem wirkt Violett günstig auf die Milz und ist lymphanregend. Diese Farbe hat auch eine beruhigende Wirkung auf das Herz und man kann mit ihr Angstzustände ausgleichen und überreizte Zustände harmonisieren.

Nicht anwendbar bei völlig unentwickelten, kindlichen und bei gewalttätigen Menschen. Das gilt sowohl auf körperlicher, als auch auf geistiger Ebene.

Dieser kurze Einblick in die Welt der Farben macht

deutlich, daß die Farben lebendige Kräfte für Körper, Geist und Seele sind. Jede Krankheit ist eine körperliche Blockade von Energien. Farbschwingungen können dabei helfen, Disharmonien auszugleichen und den natürlichen Fluß der Energien zu erhalten oder wiederherzustellen.

Eine gezielte Behandlung mit Licht und Farbe stimuliert den Kreislauf, erleichtert die Organfunktionen, unterstützt dadurch auch die Abwehrkräfte des Körpers, aktiviert den Stoffwechsel und den Sauerstofftransport des Blutes und fördert alle chemischen Prozesse im Körper – die Drüsentätigkeit, die Bildung von Vitaminen, Enzymen und von Spurenelementen.

Farbenergien erweitern aber auch das Bewußtsein und wirken auf emotionaler Ebene entweder beruhigend oder anregend.

Die Farbtherapie

Farbe kann von Körper, Geist und Seele auf verschiedene Art aufgenommen werden.

Man kann entweder mit Farblicht bestrahlen: Kleidung oder Tücher in den entsprechenden Farben wählen, oder auch Nahrung in den benötigten Farben zu sich nehmen. Aber auch durch Farb-Meditationen oder Farb-Atmen kann man einen effektiven Nutzen ziehen, denn ein Heilungsprozeß beginnt immer innen, in einem veränderten Bewußtsein der Körperzellen.

Farblichtbestrahlungen

Sie lassen sich leicht durchführen, wenn man sich dafür eine passende Stehlampe mit beweglichem Strahler und die entsprechenden Glühbirnen besorgt.

Zu beachten ist dabei nur, daß die von der Glühbirne ausgehende Wärme als wohltuend empfunden wird. Außerdem braucht man dazu Zeit und Ruhe, damit der Körper die Farbstrahlen optimal aufnehmen kann.

Grundsätzlich ist zu den Farblichtbestrahlungen zu sagen, daß man sich, was die Zeitdauer und die Häufigkeit derselben betrifft, auf sein inneres Gefühl verlassen sollte, denn der Körper gibt damit am besten zu verstehen, was er benötigt – und darauf sollte man immer hören.

Farbtanken durch die Nahrung

Farbe spielt in der Ernährung eine sehr wichtige Rolle.

Je mehr pflanzliche Farbstoffe durch die Nahrung in den Körper gelangen, umso besser wird er sowohl mit Sauerstoff, als auch mit Vitaminen, Spurenelementen und Enzymen versorgt.

Rote Farbstoffe enthalten:

Äpfel, Kirschen, Erdbeeren, rote Pflaumen, Stachelbeeren, Himbeeren, Radieschen, Tomaten, roter Paprika, Rotkraut, Rote Bete.

Orange Farbstoffe enthalten:

Orangen, Mandarinen, Aprikosen, Mangos, Melonen, Kürbisse, Karotten.

Gelbe Farbstoffe enthalten:

Bananen, Grapefruits, Feigen, Pfirsiche, Ananas, Pflaumen, Rhabarber, Zitronen, gelbe Paprikas, Eier, Mais, Senf, Leinöl.

Grüne Farbstoffe enthalten:
grüne Gemüse, Bohnen, Salat, Brokkoli, Oliven, Erbsen, Spinat, Avokado, grüner Paprika.

Blaue Farbstoffe enthalten:
Pflaumen, Weintrauben, Blaubeeren, Holunder.

Die heilende Wirkung der Farben kann noch verstärkt werden, indem man die Nahrung vor dem Essen ca. 20 Min. lang mit ihrer Eigenfarbe bestrahlt.

Heilsames Farblicht kann man auch tanken, indem man ein Glas Mineralwasser ca. 20 Minuten lang mit der benötigten Farbe bestrahlt und dann gleich trinkt.

Auch Badewasser in der entsprechenden Farbe kann anregend oder beruhigend wirken, je nach der verwendeten Farbe.

Die Öle, die man zur Aromatherapie verwendet, können dem Bad zugefügt werden. Die Farbschwingungen der Öle hängen von den jeweiligen Blüten ab, aus denen diese Öle gewonnen wurden. Zusätzlich haben aber alle aromatischen Essenzen außerdem noch antiseptische und bakterientötende Eigenschaften und wirken unterstützend auf die Körperfunktionen.

Farbbrillen

Es ist wissenschaftlich bewiesen, daß es eine Verbindung zwischen dem vegetativen Nervensystem und den Augen gibt und da das Vegetativum Beziehungen zu allen Organen hat, wird die Wirkung der Farbschwingungen über das Auge hin zu den Organen verständlich. Auf dieser Erkenntnis basiert das Prinzip der Farbbrille, die eine hervorragende Möglichkeit der Farbtherapie darstellt. Es genügt bereits

1/4 Stunde Schauen durch die benötigte Farbe, um eine heilsame Wirkung zu erfahren.

(z.B. Orange bei depressiver Verstimmung, Blau bei Kopfschmerzen, Grün zur Anregung des Stoffwechsels, Violett zur Meditation).

Die Farbbrillen* bieten eine modische und einfache Art der Farbtherapie und sind daher sehr empfehlenswert.

Farbklangtherapie

Die energetische Musik der Farbklangtherapie* erzeugt durch gehirnstimulierende Klangstrukturen eine von außen vorgenommene Schwingungsveränderung, was eine Veränderung des Bewußtseinszustandes bewirkt. Dadurch kommt es zu einem Ausgleich in den Gehirnfunktionen, der vom Zuhörer als äußerst angenehm empfunden wird.

Die Wirkung zielt auf einen Abbau psychischer Druckzustände, wie Angst, Streß usw. hin und dadurch auf eine Verbesserung oder Beseitigung der psychosomatischen Symptome.

Sowohl Farben als auch Töne sind Schwingungsphänomene. Jeder Ton strahlt eine bestimmte Farbe (Klangfarben) aus und nimmt eine bestimmte Form an. Jede Form gibt einen Ton von sich und dieser Ton ist ihr Grundton. (Rot = c, Orange = d, Gelb = e, Grün = f, Blau = g, Indigo = a, Violett = h; das sind die jeweils mit den Farben korrespondierenden Töne.)

Die Musik der Farben ist noch verhältnismäßig unbekannt. Sie gibt uns die Möglichkeit, dem Körper Ruhe zu vermitteln und darüber hinaus die Qualitäten in Körper, Geist und Seele umzuwandeln und zu veredeln.

---

* Bezugsquellenhinweis für Farbbrillen und Farbklangtherapie siehe Seite 271.

»Musik ist eine Kunst, die erfüllt ist von der Kraft, in die Tiefe der Seele zu dringen und uns einzutauchen in die Liebe zur Tugend.« (Plato)

Es gibt also einige Möglichkeiten, um sein Leben »farbiger« zu gestalten und um aus diesen seit Jahrtausenden bekannten Heilenergien der Farben eine Hilfe zu gewinnen.

Die Heilenergie der Edelsteine

Edelsteine sind nicht nur als Schmuck und Zierde zu verwenden, sondern sie sind auch kraftvolle Energiespender, mit denen wir unser Leben reicher und harmonischer gestalten können.

Jeder Edelstein stellt ein konzentriertes Kraftfeld dar, welches konstante Schwingungen ausströmt und wenn man bereit ist, sich ihnen zu öffnen, dann können sie einen über ihre Schwingungsfrequenz sehr intensiv berühren.

Wir Menschen sind für ihre farbigen Ausstrahlungen sehr empfänglich, denn wir bestehen selbst aus feinstofflichen Elementen, die in bestimmten Farben schwingen und daher können wir von den reinen Farben der Edelsteine aufgeladen, gereinigt und gestärkt werden.

Alles im Kosmos befindet sich in einer ständigen Schwingung – Planeten, Menschen, Pflanzen, Farben, Töne und unter anderem auch die Edelsteine.

Es gibt bestimmte Edelsteine und bestimmte schwingungsgleiche Energiezentren im menschlichen Körper, deren Frequenzen ähnlich sind und die deshalb aufeinander reagieren.

Das bedeutet, daß die Edelsteine mittels ihrer farbigen Schwingungsfrequenz auf dasjenige Energiezentrum eines Menschen, das die gleiche Farbschwingung hat, einwirken können.

Jedes der 7 Energiezentren hat seine eigene Schwingungsfrequenz und erzeugt die Energie, die für die Funktion der ihm zugehörigen Organe notwendig ist.

Die Schwingungsfrequenz der Edelsteine wird also durch die der adäquaten Energiezentren im Menschen angezogen und dadurch entsteht eine Aufladung mit neuer Energie, was eine Harmonisierung der Chakras untereinander zur Folge hat.

Diamanten, Rubine, Smaragde oder Saphire haben eine besonders hohe Schwingungsqualität. Es gibt in Mineraliengeschäften jedoch auch preiswerte Alternativen, die durchaus auch als kraftvolle Harmonieregler eingesetzt werden können. Dazu zählt unter anderem der Granat, Lapislazuli, Sodalith, Zitrin, Karneol, Rhodochrosit, Malachit, Chrysopras oder der Azurit.

Damit können wir unseren Körper zunehmend entlasten, unser Gemüt beruhigen und ausgleichen, unser Denken positiv verändern und unsere kreativen Kräfte entfalten.

Die Wirkung der Edelsteine

Seit Anbeginn der menschlichen Kulturgeschichte wurden die Kräfte der Edelsteine eingesetzt, indem man entweder Schmuck daraus anfertigte, der Symbole in sich barg, anziehend oder abwehrend wirkte, der schützte oder heilte.

Man stellte aus Edelsteinen aber auch Salben und heilende Getränke her, indem man Gefäße daraus anfertigte, die ihre starken Schwingungen in kurzer Zeit auf ihren Inhalt übertrugen.

Oder sie wurden pulverisiert und den Salben und Tinkturen beigemischt, um auf diese Art ihre Energieschwingungen zu gewinnen. Bereits im Altertum trugen die Hohepriester viele Edelsteine an Körper und Gewändern, um sich selbst miteinzubeziehen in dieses gewaltige, energetische Kraftfeld, das damit entstand.

Kostbare Edelsteine von außerordentlicher Größe und Schönheit wurden aus dem gleichen Motiv heraus in Kronen von Königen und in wertvolle Schmuckstücke von kirchlichen Oberhäuptern eingesetzt. Das war eine sehr wirkungsvolle Art, die Energieschwingungen der Edelsteine zu nutzen und damit ihre Hilfe zu erfahren. Darstellungen und Skulpturen von Göttern und Mächtigen aller Kulturen zeigen deutlich die erhebende Wirkung der Edelsteine auf die menschliche Natur. Das Tragen und Benutzen von Edelsteinen in den Bereichen der 7 Energiezentren ist ganz deutlich hervorgehoben.

Edelsteine sind Manifestationen von Licht, Farben, Strukturen, Strahlungen, Transparenz und Leben. Sie sind wichtige Wesenheiten – lebendig, energiespendend und leuchtend und sie geben Schwingungen und Frequenzen ab, die sehr machtvolle Auswirkungen auf unser ganzes Wesen haben können, wenn sie zum Ausgleich von Körper, Geist und Seele eingesetzt werden.

Warum sollten wir also diese ungeheuer großen Kräfte nicht nutzen, die uns die Natur zu unserer Stärke als Geschenk bereithält?

Die Verwendung von Edelsteinen

Die einfachste Art sich mit der Energieschwingung eines Edelsteins in Einklang zu bringen, ist die, daß man ihn direkt am Körper trägt, um so ganz unmittelbar aus seinen farbigen Kräften Harmonie für Körper, Geist und Seele gewinnen zu können.

Edelsteine sind Lichtträger, und daher sind sie fähig, Körperbereiche mit Licht zu erfüllen und mit Energie aufzuladen. Über die Vibrationen der Edelsteine können wir also die Lichtfrequenzen in uns erhöhen und damit unsere Kräfte aktivieren und harmonisieren.

Wenn wir unseren Körper mit Hilfe eines Edelsteins mit Lichtschwingungen energetisch aufladen, so können dadurch Blockaden aufgelöst und Störungen im Energiesystem behoben werden.

Ein Kleiner Leitfaden

* Zur Erhaltung von Vitalität und Gesundheit verwendet man rote, orange und rosafarbene Edelsteine
* zur körperlichen Regeneration grüne oder blaue Edelsteine
* für Lebensenergie gelbe Edelsteine
* und für geistige Entfaltung und Inspiration violette und purpurne Edelsteine.

Schutzsteine gegen:

Unglück – Turmalin, Karneol, Onyx, Amethyst, Opal, Sardonyx
Unruhe und Schlaflosigkeit – Topas, Hyazinth, Rhodonit, Sodalith
Niedergeschlagenheit – Granat, Chalzedon, Lapislazuli, Rubin, Jade

Stärkende Steine für:

das Sehen – Beryll, Smaragd, Aquamarin, Rosenquarz
das Hören – Onyx, Bernstein, Saphir
das Riechen – Jaspis, Turmalin
das Schmecken – Topas, Turmalin
das Gedächtnis – Smaragd, Moosachat
die Konzentrationsfähigkeit – Beryll, Smaragd, Onyx, Karneol
die Gemütsruhe – Jade, Spinell, Amethyst
die Meditation – Amethyst, Fluorit, Bergkristall

Edelsteine – Energiezentren

Jedes Energiezentrum erfüllt eine eigene Aufgabe, zu welcher es eine Grundschwingung, eine dementsprechende Grundfarbe und die dazupassenden Edelsteine dieser Farbe gibt.

Energiezentrum	Farbentsprechung	zugeordnete Edelsteine
Basis- oder Wurzel-Chakra	rot	Achat, Granat, Hämatit, Jaspis, Rubin
Milz-Chakra	orange	Feueropal, Heliodor, Karneol, Koralle, oranger Jaspis
Sonnengeflecht-Chakra	gelb	Bernstein, Peridot, Rutilquarz, Tigerauge, Topas, gelber Turmalin, Zitrin
Herz-Chakra	grün	Amazonit, Calcit, Jade, Malachit, Olivin, Serpentin, Smaragd, Turmalin
Kehl-Chakra	blau	Aquamarin, Chalzedon, Fluorit, Lapislazuli, Saphir, Sodalith, Türkis
Stirn-Chakra	indigo	Azurit, Bergkristall, indigofarbener Saphir, Sodalith
Scheitel-Chakra	violett	Amethyst, Diamant, Fluorit, violetter Quarz, Rubellit, Spinell

Zusätzlich gibt es noch je 2 Energiezentren in den Handinnenflächen und in der Mitte der Fußsohlen.

Handzentrum – Bergkristall
Fußzentrum – Turmalinquarz, Schneeflockenobsidian.

Die Energiezentren wirken mit ihren Schwingungen über die Drüsen und die körperlichen Funktionen, aber auch auf die feinstofflichen Energiebahnen (Meridiane).

Jedes Energiezentrum kann aber noch wirkungsvoller arbeiten, wenn es mit einem ihm entsprechenden Edelstein in Verbindung gebracht wird. Das ist der Sinn der Edelsteintherapie.

Edelsteine – Tierkreiszeichen

Alle Mineralien und Edelsteine sind auf bestimmte Konstellationen eingestimmt und daher ist es förderlich, Edelsteine zu tragen, die mit den eigenen Planeten-Konstellationen harmonieren.

Folgende Edelsteine harmonieren mit dem jeweiligen Tierkreiszeichen:

Widder: Rubin, Hämatit, roter Jaspis.

Stier: Goldtopas, Koralle, Smaragd, blauer Saphir, Rosenquarz, Lapislazuli.

Zwillinge: Bergkristall, Aquamarin, Zitrin, Katzenauge, Tigerauge.

Krebs: Smaragd, Mondstein, Olivin, Serpentin, Chalzedon.

Löwe: Rubin, Bernstein, Goldquarz, Almandin, Olivin, Diamant.

Jungfrau: Rosa Jaspis, Türkis, Zirkon, Karneol, Achat, Sardonyx.

Waage: Opal, Diamant, Smaragd, Aventurin, Padparadscha, Jade, Nephrit.

Skorpion: Granat, Topas, Achat, Hämatit, Beryll, Pyrop, Spinell.

Schütze: Amethyst, Topas, Hyazinth.

Steinbock: Onyx, Beryll, Gagant, Rauchquarz, Jett.

Wassermann: Blauer Saphir, Türkis, Malachit, Amazonit.

Fische: Diamant, Jade, Aquamarin, Amethyst, Opal, Mondstein, Rheinstein.

Die Wahl des Edelsteins, den man tragen möchte, muß in erster Linie nach eigenem Geschmack und Gefühl getroffen werden.

Die Edelsteine suchen sich im selben Maß die Menschen aus, wie die Menschen die Edelsteine aussuchen – deshalb sollte man bei der Wahl eines Edelsteins immer dem eigenen Empfinden und seiner inneren Stimme vertrauen.

Die Edelsteintherapie

Wenn man in der glücklichen Lage ist, Edelsteine zu besitzen, dann sollte man sie in sein tägliches Leben miteinbeziehen und oft tragen, um von ihren Kraftschwingungen zu profitieren. Es wäre nicht gut, sie zu einem Schattendasein zu verbannen, denn auch die Edelsteine brauchen Licht und Sonne und einen Träger, der sie schätzt und dem sie ihre Energie übermitteln können. Je kostbarer ein Edelstein ist, den man trägt, umso stärker ist seine Energieschwingung und umso stärker wird man von seinen kosmischen Kräften aufgeladen. Von großem Nutzen können aber auch Halbedelsteine sein, die weniger kostspielig, aber auch sehr wirkungsvoll für die Edelsteintherapie sind. Man bekommt sie in allen Größen und Preislagen.

Auch Edelsteine können sich erschöpfen und deshalb ist es wichtig, sie gelegentlich in einer Meersalzlösung zu reinigen und im Sonnenlicht aufzuladen, denn sie lieben Licht und Prana.

Und noch etwas wesentliches: Die Schwingungen der Edelsteine wirken auf den Ätherkörper und dieser ragt etwas über den physischen Körper eines Menschen hinaus. Deshalb muß ein Edelstein nicht direkt mit der Haut in Berührung kommen, sondern er muß sich nur innerhalb des Ätherkörpers befinden, um seine Wirkung entfalten zu können.

Man kann die Edelsteine auf mehrere Arten verwenden:

* ***Zur Massage***
Dazu nimmt man z.B. einen Amethyst, weißen Achat, Milchquarz oder Bergkristall und massiert seinen Körper, oder die Reflexzonen an den Händen und Füßen damit.

* ***Zur Stimulierung der Akupunkturpunkte***
Bei Beschwerden stimuliert man mit einem Bergkristall oder dem dafür empfohlenen Edelstein 3 mal täglich ca. 3 Minuten den angegebenen Akupunkturpunkt. (Siehe »Stimulierungspunkte in den Händen«, Seite 87-89)

* ***Als Amulett, Talisman, Handstein oder Perlenkette***
  Man trägt den passenden Edelstein direkt am Körper oder in seiner Kleidung. Ein guter Platz dafür ist während des Schlafens unter dem Kopfkissen. Die Orientalen verwenden Perlenketten aus Edelsteinen, die sie fortwährend langsam durch ihre Hände gleiten lassen, um sich dadurch energetisch aufzuladen oder zu beruhigen und zu harmonisieren.

* ***Als Elixier***
  Dafür legt man den Edelstein mindestens 3 Stunden in ein Glas kohlensäurefreies Mineralwasser. Dieses Wasser kann man entweder trinken, oder damit Kompressen (besonders auf Gesicht und Augen) machen. Ein solches Elixier läßt sich aber auch sehr gut für ein Fußbad verwenden.

* ***Als Energiefeld***
  Man legt dafür die verschiedenen Edelsteine auf die ihnen jeweils zugehörigen Chakras, wo sie wie Empfänger und Sender der Lichtenergie wirken. (Siehe »Edelsteine-Energiezentren«)

Die Schwingungen und Strahlungen der Edelsteine wirken sehr tiefgreifend im Sinne einer Harmonisierung der Bereiche, in denen der Energiefluß blockiert ist. Sie heilen und erheben die Seele und sind eine unschätzbare Hilfe und Bereicherung auf geistiger Ebene.

Erfreuen wir uns an ihrer Schönheit und Harmonie mit Dankbarkeit und dem Bewußtsein, daß sie uns in diesem Leben als kraftvolle Energiespender geliehen wurden!

Liste der heilenden Edelsteine

Aggressionen – Heliotrop
Allergien – Zirkon
Allgemein stärkende Edelsteine – Tigerauge, Bernstein, Karneol
Alterungsprozeß (verzögernd) – Rhodochrosit
Ängste – Rosenquarz, Smaragd, Lapislazuli, Opal
Asthma – Bernstein, Chrysoberyll, Katzenauge, Tigerauge, Malachit
Augen (blutunterlaufen) – Smaragd, (tränend) – Aquamarin, Onyx
Augenleiden (allgemein) – Smaragd, Dioptas, Türkis
Beine (Kräftigung, Beweglichkeit) – Aquamarin
Blutdruck (hoher) – Jadeit, Jade, Chrysopras, Smaragd
Blutdruck (niedriger) – Rubin, Turmalin
Blutreinigung – Turmalin, Rote Koralle, Rubin, Amethyst, Karneol
Brandwunden – Amethyst
Bronchitis – Rutilquarz, Bernstein, Jett, Smaragd, Dioptas
Darm – Gelber Jaspis, Katzenauge
Depression – Spinell, Dolomit, Selenit, Rhodochrosit, Bowenit, Lapislazuli, Jade, Granat, Chalzedon
Ekzeme – Saphir
Eiterung – Onyx
Entbindung – Chrysopras, Heliotrop, Jade, Achat, Hyazinth
Entzündung – Topas, Spinell
Fieber – Chrysopras, Saphir, Olivin, Rubin, Karneol
Füße – Schneeflockenobsidian, Aquamarin, Jett, Turmalin
Galle – Smaragd, Jaspis, Dolomit, Koralle
Gedächtnis – Smaragd
Gehör – Onyx

Geruchssinn – Jaspis
Geschmacksinn (wecken) – Topas
Haare – Opal, Quarz, Turmalin, Malachit, Chrysokoll, Onyx, Lapislazuli, Aventurin, Achat
Halsentzündung – Bernstein, Turmalin, Türkis, Hämatit
Hämorrhoiden – Perle, Koralle, Heliotrop
Harnblase – Jaspis, Jade, Turmalin, Bernstein
Hautprobleme – Schwefel, Topas, Granat, Perle, Zirkon
Hemmungen – Obsidian
Herz – Granat, Achat, Onyx, Beryll, Chrysolit
Husten – Bernstein, Topas
Impotenz und Unfruchtbarkeit – Verdit, Padparadscha (oranger Saphir)
Infektionen – Amethyst, Rauchquarz, Bernstein, Karneol, Sardonyx
Intuition – Saphir, Lapislazuli, Rubin, Türkis
Juckreiz – Malachit, Azurit, Dolomit
Konzentration – Karneol, Onyx
Kopfschmerzen – Türkis, Weißer Turmalin, Bernstein, Jett, Hämatit, Smaragd
Korpulenz – Turmalin, Heliodor, Diamant, Zirkon
Kraftsteigerung – Magnetit, Rubin
Krampfadern – Aquamarin, Bernstein, Opal
Krämpfe – Hämatit, Heliotrop, Kalkstein, Rubin, Karneol, Bergkristall
Kreislauf – Rubin, Heliotrop, Amethyst
Lebenskraftsteigerung – Aquamarin
Leber – Topas, Jaspis, Beryll, Aquamarin, Jade, Labradorit, Smaragd, Rubin
Luftwege – Pyrit, Rutilquarz
Lungen – Bernstein
Magen – Beryll, Heliotrop, Jaspis, Hämatit, Smaragd, Heliodor, Aquamarin, Morganit

Melancholie – Turmalin, Lapislazuli, Sadonyx
Menstruationsbeschwerden – Topas, Staurolith, Jett, Rubin, Diamant, Malachit
Migräne – Jett
Müdigkeit – Dioptas, Hämatit, Pyrit, Bernstein, Staurolith
Nasenbluten – Heliotrop
Nervenschmerzen – Magnetit, Karneol
Nervenstärkung – Turmalin, Topas, Saphir, Dolomit, Jade, Lapislazuli, Saphir, Jadeit
Nieren – Nephrit, Jade, Bergkristall
Ödeme – Chalkopyrit, Bornit
Ohnmacht – Lapislazuli
Ohrenleiden – Saphir, Bernstein, Turmalin, Onyx
Reizbarkeit – Rhodonit, Padparadscha, (oranger Saphir)
Rheumatismus – Malachit, Azurit, Chrysokoll
Schilddrüse – Lapislazuli, Rhodonit
Schlaflosigkeit – Topas, Hyazinth, Bowenit, Smaragd, Jade, Jadeit
Schlechte Laune – Heliotrop, Smaragd
Schmerzen – Lapislazuli, Rubin, Turmalin, Sardonyx
Schwäche – Hämatit, Magnetit, Jaspis
Schwindelanfälle – Saphir, Bergkristall
Sehvermögen – Malachit, Rosenquarz, Aquamarin, Variscit, Smaragd, Beryll, Amethyst (Farbenblindheit)
Stoffwechselanregung – Sodalith
Streß – Dolomit, Spinell
Verbrennung – Chrysopras, Jadeit, Smaragd
Verdauung – Olivin, Turmalin, Jaspis, Dolomit, Peridot, Rubin
Vergiftung – Malachit, Achat, Diamant, Hyazinth
Wassersucht – Amethyst
Wärmend – Topas

Wunden – Granat, Rubin, Aventurin, Amethyst, Quarz, Karneol
Zahnen (bei Säuglingen) – Bernstein
Zahnfleisch (kräftigend) – Pyrolusit
Zahnschmerzen – Aquamarin, Malachit
Zähne – Weiße Koralle, Calcit, Jett, Bernstein

Übersicht: Chakras, Farben, Edelsteine – Wirkungsbereiche und Wirkungsweisen

Farbe Chakra	Wirkungsbereiche	Wirkungsweise	Edelsteine
1. R O T Basis-Chakra LEBEN	physikalisches oder materielles Element, Macht, Autorität, (Regierung, Politik, usw.) Bezug zu Geschlechtsorganen, Geschlechtsdrüsen,	stimulierend, herzanregend, durchblutungsfördernd, geschlechtskraftsteigernd energiefördernd, schwächenausgleichend,	Grant, Rubin, Hämatit, Koralle, Blutjaspis, roter Jaspis, Rubellit, Turmalin, Rhodonith, Achat,
2. O R A N G E Milz-Chakra STÄRKE, OPTIMISMUS	psychologisches Element, konkretes Wissen, Intellekt, (Wissenschaft, Forschunt usw) Bezug zu Milz/Pankreas,	kräftigend, lymphanregend, entspannend, entkrampfend, energiefördernd, stimmungsfördernd, drüsenanregend, gewebsbildend	Karneol, Feueropal, oranger Jaspis, Helidor, Koralle, Hyazinth,
3. G E L B Solarplexus-Chakra VERSTAND, INTELLEKT	harmonisierndes, verbindendes Element, Verstand, (Wirtschaft, Geld, Industrie, u.s.w.) Bezug zum Sonnengeflecht, Nebennieren,	energiestimulierend, leber- und gallenwirksam, verdauungsfördernd, depressionslindernd, erheiternd,	Zitrin, Topas, Bernstein, Tigerauge, Rutilquarz gelber Jaspis,
4. G R Ü N Herz-Chakra HARMONIE, SYMPATHIE	vitales, kraftspendendes Element, Kreativität, Lebenslust, Freude, Bezug zum Herz/ Thymusdrüse,	keimzerstörend, beruhigend, entspannend, hautregenerierend, blutdrucksenkend, knochenbildend, nervenstärkend,	Malachit, Jade, Smaragd, Amazonit, Serpentin, grüner Jaspis, Moos - Achat, Peridot, Tumalin, Chrysopras, Aventurin
5. B L A U Kehl-Chakra INSPIRATION	heilendes Element, Hingabe, Idealismus, Glaube, Respekt, Vertrauen, Bezug zur Schilddrüse,	antiinfektiös, blutgefäßnormalisierend, nervenentspannend, kühlend, schlaffördernd, beruhigend, schmerzstillend, besänftigend	Lapislazuli, Saphir, Sodalith, Türkis, Aquamarin, blauer Topas, Chrysokoll

Farbe Chakra	Wirkungsbereiche	Wirkungsweise	Edelsteine
6. I N D I G O Stirn-Chakra INTUI- TION	intuitives, anre- gendes Element, erweiterte Sicht- weise, Liebe verbunden mit Weisheit, wahre Religion, Heilsein, Bezug zur Hypophyse	wirkt gegen seelische Er- schöpfung und Schmerzen aller Art,	Azurit, Berg- kristall, Sodalith, indigofarbener Saphir,
7. V I O - L E T T Scheitel - Chakra SPIRI- TUALITÄT	spirituelles Element einer höheren Be- wußtseinsstufe, Zeremonie, Rituale, Prunk, Magie, Bezug zur Pineal- drüse (Zirbel- drüse)	depressionslindernd, wirkt gegen Migräne, Haarausfall, Schuppen,	Amethyst, Fluorit, Rubellit, Spinell, violetter Quarz, Diamant,

Harmonisierungspunkte an den Händen

Eine gute Möglichkeit, sofortige Schmerzlinderung oder eine Verbesserung bestimmter Störungen zu erfahren, hat man mit dem System der Handakupunktur und Akupressur. Das ist deshalb möglich, weil zwischen bestimmten, direkt unter der Haut liegenden Punkten und den zugehörigen Organen eine bestimmte Wechselbeziehung besteht. Auch diese therapeutische Maßnahme zielt auf eine Reharmonisierung der Energieflüsse ab.

Vor vielen tausend Jahren ergründeten bereits die Chinesen Gesetzmäßigkeiten, nach denen die Lebensenergie im lebenden, menschlichen Körper zirkuliert.

Ihre Theorie basierte auf der Einsicht, daß der menschliche Körper von einem dichten Netzwerk unsichtbarer Kanäle durchzogen ist, in denen »Chi« als fundamentale Lebenskraft strömt.

Diese Kanäle oder Meridiane verbinden alle Teile des Körpers miteinander. In diesem Meridiangeflecht zirkuliert »Chi«.

Es steuert und bewahrt ein gesundes Zusammenspiel aller Körperfunktionen. Unsere Gesundheit ist so lange gewährleistet, wie »Chi« gleichmäßig verteilt in entsprechenden Rhythmen das unsichtbare »Adernetz der Meridiane« harmonisch durchströmt. Man ist also dann gesund, vital und lebensfroh, wenn alle Meridiane mit der gleichen Menge »Chi« harmonisch versorgt sind.

Staut oder schwächt sich »Chi« in irgendwelchen Körperregionen oder Organen, so tritt ein Ungleichgewicht ein, wodurch die unter- oder überversorgten Meridiane geschwächt werden, und deshalb z.B. nicht mehr in der Lage sind, Krankheitserreger abzuwehren.

Dort, wo die Meridiane also dicht unter der Körperoberfläche verlaufen, kann man auf das energetische Gesamtgeschehen Einfluß nehmen, indem man diese bestimmten Punkte stimuliert, um dadurch Quantität und Strömungsgeschwindigkeit der Lebensenergie »Chi« zu reharmonisieren.

Der besondere Vorteil dieser energetischen Regulationstherapie ist die direkte Einflußnahme auf die zirkulierenden Energieströme. Der dadurch erzielte Ausgleich des energetischen Ungleichgewichts wirkt sich auf Körper, Geist und Seele gleichermaßen aus.

Es gibt am menschlichen Körper eine Vielzahl solcher Punkte, die zur Behandlung herangezogen werden können.

Der Transport der energetischen Informationen erfolgt dann von einem bestimmten Punkt aus über die Meridiane bis hin zum eigentlichen Ort des Krankheitsgeschehens.

Es handelt sich bei diesen Punkten um Reflexpunkte, die Reflexe zum Gehirn weiterleiten. Dort werden dann Resonanzkräfte freigesetzt, die eine Harmonisierung der gestörten Organe und Körperfunktionen bewirken.

Ich möchte mich hier auf die Harmonisierungspunkte in den Händen beschränken, da diese für eine schnelle und wirkungsvolle Selbstbehandlung am besten geeignet sind und außerdem eine gute Möglichkeit zu einer sofortigen Schmerzlinderung darstellen können. Die Aktivierung dieser angegebenen Harmonisierungspunkte kann man sowohl mit einem passenden Edelstein (siehe S. 78), als auch mit einem abgerundeten, dünnen Stab oder ganz einfach mit den Fingerkuppen – allerdings dann nicht in der gleichen Intensität – vornehmen.

Es gibt aber auch ein sehr empfehlenswertes Gerät in handlichem Kugelschreiberformat zu kaufen, womit man diese Stimulierung sehr gezielt und wirkungsvoll durchführen kann, den Piezo-Impulsstimulator.* Die Wirkung dieses Akupunktur-Impulsers beruht darauf, daß Energie in den Akupunkturpunkt eingeschleust wird. Der dadurch ausgelöste Impuls breitet sich wellenförmig über den zugehörigen Meridian aus, wodurch der blockierte Energiefluß stimuliert wird, um so wieder in seinen harmonischen Rhythmus zurückfinden zu können.

---

* Bezugsquellenhinweise und Literaturhinweise: siehe Seite 271
Literaturhinweis: »Die Akupunktur-Impuls-Therapie« von Peter Mandel, Edition Energetik

Harmonisierungspunkte an den Händen

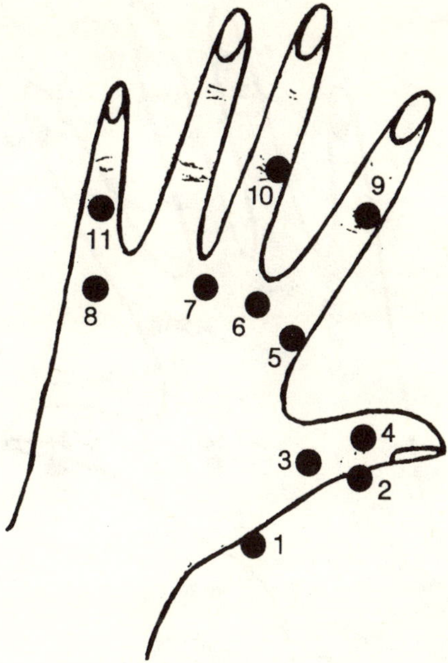

1 Rheuma und Schmerzen in den Sprunggelenken
2 Durchfall
3 Kopfschmerzen
4 Schmerzen und Entzündungen der Augen
5 Schulterschmerzen
6 Schmerzen der Halswirbelsäule
7 Zahnschmerzen
8 Schmerzen der Lendenwirbelsäule, verstopfte Nase
9 Stirnkopfschmerzen
10 Scheitelkopfschmerzen
11 Schmerzen im Bereich des Anus (Analfissuren, Hämorrhoiden)

Harmonisierungspunkte an den Händen

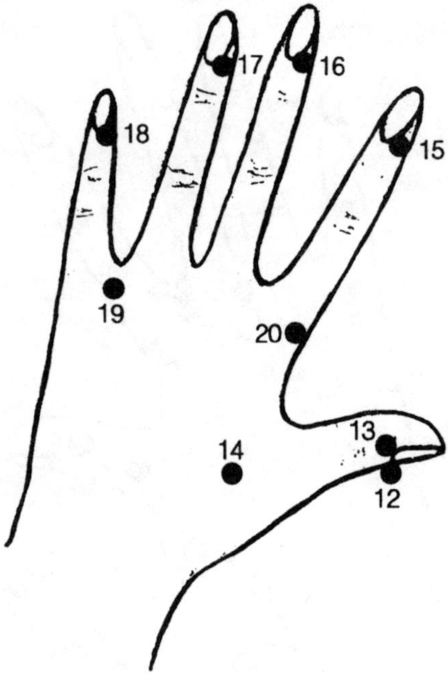

12 Allgemeiner Schmerzpunkt, Zahnschmerzen
13 Atemnot, Asthma, Husten
14 Kopfschmerzen, Migräne
15 Verdauungsbeschwerden
16 Durchblutungsstörungen
17 Depressionen
18 Kreislaufschwäche, niedriger Blutdruck, Kollaps, Schock, Anregungspunkt für Herz u. Psyche, klimakterische Störungen, Hitzewallungen
19 Anregungspunkt für alle Körperfunktionen
20 Hauterkrankungen, Juckreiz

Harmonisierungspunkte an den Händen

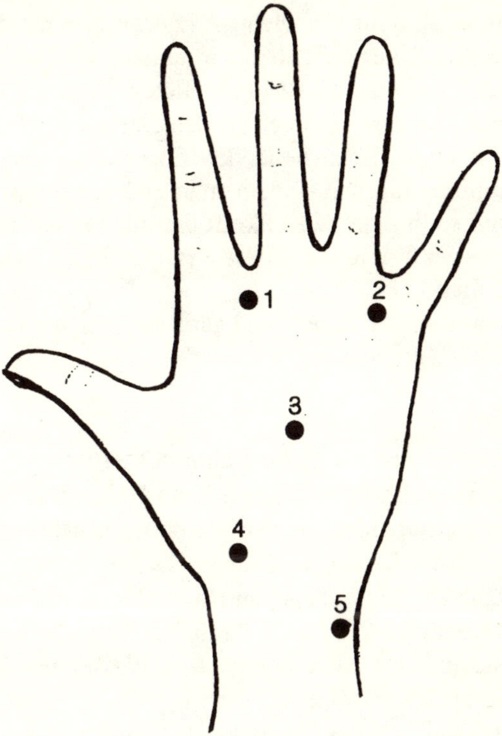

1 Asthma, Bronchitis, Husten
2 Nervöse Herzbeschwerden
3 Verdauungsstörungen, Magenbeschwerden
4 Nervenkopfschmerzen, Bronchitis, Asthma
5 Energiemangel, Depressionen

Die Heilenergie der Bäume

Die Bäume sind für uns wichtige Energiespender, denn sie produzieren Sauerstoff, den wir atmen. Und sie liefern Heilmittel in Form von Blättern, Blüten, Früchten und aus der Rinde, die uns bei vielen Leiden eine große Hilfe sind.

Man kann sich den heilenden Energiefluß der Bäume auch zunutze machen, indem man sich an ihren Stamm lehnt, um so ihre große Heilkraft unmittelbar auf sich wirken zu lassen. Wir nennen diese Kraft die Energiestrahlung des Baumes.

Den einzelnen Bäumen sind ganz spezifischer Heilenergie-Strahlungen zu eigen.

Birke ***(Betula pubescens)***
Die Birke ist der magische Baum des Frühlings und der Jugend. Seine Energiestrahlung kann Unlust und Beklemmungen vertreiben, da sie den Menschen sensibilisiert und damit Problem-Lösungen fördert.

Birkenblättertee hilft gegen Rheuma und Blasenleiden. Dazu nimmt man 2 gehäufte Teelöffel Birkenblätter, überbrüht sie mit 1/4 Liter kochendem Wasser und läßt 10 Minuten ziehen.

Davon sollte man 3 Tassen am Tag trinken.

Buche ***(Fagus)***
Die Energiestrahlung der Buche hilft gegen Kopfschmerzen und Migräne. Außerdem fördert sie die geistige Arbeit und die Konzentrationsfähigkeit, wirkt ausgleichend auf das Gemüt und weckt die Lebensfreude.

Eibe ***(Taxus baccata)***
Die Energiestrahlung der Eibe beinhaltet große Heilkräfte, besonders gegen Gicht, Rheuma und Leberleiden. Sie stärkt auch ganz allgemein die Abwehrkräfte. Nach der Berührung der Eibe muß man sich jedoch die Hände waschen, da Holz und Nadeln giftig sind.

Eiche ***(Quercus robur)***
»Heiliger Baum«: Die Eiche galt schon bei unseren Vorfahren als ein Symbol für Kraft und Stärke. Ihre Energiestrahlung ordnet das Denken und schärft den Verstand. Die älteste deutsche Eiche soll 1400 Jahre alt sein.

Rinde, Blätter und Eicheln haben eine adstringierende Wirkung. Ein Eichenrindenbad ist sehr wirkungsvoll gegen Hämorrhoiden und auch sehr hilfreich bei Ekzemen, Hand- und Fußschweiß.

Man nimmt dazu 1 Handvoll Eichenrinde, läßt sie in etwas Wasser aufkochen und 10 Minuten ziehen. Danach seiht man ab und gibt den Sud dem Bad zu.

Esche ***(Sorbus aucuparia)***
Sie aktiviert mit ihrer Energiestrahlung das Unterbewußtsein. Sie stärkt auch die Willenskraft und Entschlußfreudigkeit, wenn man dazu neigt, sich treiben zu lassen und Schwierigkeiten hat, sich zu entscheiden. Sie vermittelt Kraft, um sein Lebensziel besser erkennen zu können. Die alten Germanen haben diesen Baum wie etwas Überirdisches verehrt.

Bei starkem Husten und Lungenentzündung hilft ein Blütentee. Dafür überbrüht man 1 Prise frische Blüten mit kochendem Wasser, läßt 10 Minuten ziehen und trinkt den Tee dann mit etwas Honig gesüßt.

Holunder ***(Sambucus)***
Der Holunder regt den Stoffwechsel an. Seine Energie wirkt harntreibend und heilungsfördernd. Er begünstigt auch die Heilung von Schäden an Leber und Milz. Seine Energiestrahlung erfrischt, belebt und wirkt regenerierend. Die Wurzeln ergeben einen Tee, der gegen Stoffwechselstörungen sehr wirksam ist. Holunderblätter ergeben einen hervorragenden Blutreinigungstee, und die Blüten wirken schweißtreibend und sehr hilfreich bei Grippe und Erkältungserscheinungen.

Holunderbeermilch ist ein wirkungsvolles Mittel gegen Kopfschmerzen. Man gibt dazu 1 Handvoll frische oder getrocknete Beeren in 1 Tasse mit lauwarmer Milch, zerdrückt die Beeren und trinkt das Ganze. Die schmerzlindernde Wirkung tritt meist rasch ein.

Kastanie ***(Castanea sativa)***
Die Energiestrahlung der Kastanie stärkt die innere Ruhe und Gelassenheit.

Ihre Energien sind gut für die Haare und machen diese glänzend und leuchtend. Kastanienbäder unterstützen die ausscheidenden, entgiftenden Funktionen der Haut. Auch bei Stauungen (Krampfadern) bringt die Kastanie Erleichterung.

Kiefer ***(Pinus)***
Die Kiefer hat einen feurigen Charakter. Ihre Energiestrahlung wirkt belebend und wohltuend. Ihre Energien stärken besonders die Bronchien und Lungen. Bei Asthma, Husten und Bronchitis ist deshalb das Anlehen an eine Kiefer besonders hilfreich.

Kirschbaum *(Prunus)*

Seine Energiestrahlung gibt dem Körper große Kraft. Stellen Sie sich so oft wie möglich an den Stamm eines blühenden Kirschbaumes! Der Kirschbaum entfaltet während der Blütezeit seine größte Kraft. Kirschen gibt es schon seit über 4000 Jahren. Selbst aus den Kernen und Stielen gewinnt man Heilmittel.

Kirschblütentee ist ein sehr gutes Mittel gegen Augenentzündungen. Dafür wird 1 Prise der Blüten mit einer Tasse kochendem Wasser überbrüht und gleich abgeseiht. Nun taucht man ein Leinentuch in den lauwarmen Aufguß und macht damit Umschläge.

Linde *(Tilia)*

Die Energieschwingung der Linde stimmt das Herz mild. Sie wird deshalb auch »Baum der Liebe« genannt. Sie fördert die Beweglichkeit und die Spannkraft des Körpers und wirkt belebend und verjüngend.

Berühmt ist die Heilkraft des Lindenblütentees wegen seiner schweißtreibenden, reinigenden Wirkung.

Mandelbaum *(Prunus amygdalus)*

Der »schlafende Prophet« Cayce empfahl das Essen von drei Mandeln täglich als *das* Heilmittel und zur Vorbeugung gegen Krebs.

Mandelöl kann man auch als Schlafmittel verwenden. Dazu verdünnt man 1 Teelöffel Mandelöl mit 10 Teelöffel Wasser und trinkt das kurz vor dem Schlafengehen.

Roßkastanie *(Aesculus hippocastanum)*

Sie hat eine große Wirkung gegen Rheuma und Gicht.

Einen sehr wirkungsvollen »Kastaniengeist« kann man sich so zubereiten:

Man nimmt eine Handvoll frischer Blüten und streut sie in 1/2 Liter Obstschnaps oder Weingeist. Nun läßt man die Flasche etwa 1 Monat lang im Sonnenlicht stehen und seiht dann die Blüten ab. Mit diesem Kastanienblütengeist reibt man die geschwollenen und schmerzenden Körperstellen gut ein.

Tanne *(Abies Alba)*

Der Wert der Tannenzapfen ist bei Erkältungskrankheiten sehr groß.

Dazu läßt man einige Tannenzapfen in etwa 2 Liter Wasser aufkochen. 10 Minuten ziehen lassen, abgießen und diesen Aufguß dem Badewasser zufügen. Auch Nadeln und Knospen haben große Heilwirkung.

Die Heilenergie der Früchte und Gewürze

Früchte liefern uns nicht nur Nahrung, sondern sie stellen uns in Form ihres Vitaminreichtums und vieler anderer wichtiger Bestandteile auch Möglichkeiten zur Verfügung, die der Heilung und Verhütung von Krankheiten, der Erhaltung von Schönheit und Wohlbefinden, der Stärkung der Abwehrkräfte und der Regeneration von Haut und Gewebe dienen.

Jahrtausendelang bildeten vorwiegend pflanzliche Produkte die Heilmittel der Menschheit. Zu den bekanntesten Pflanzeninhaltstoffen, deren Eigenschaften und Wirkungen für die Heilbehandlung von Bedeutung sind, gehören die ätherischen Öle, die Bitterstoffe, die Alkaloide, die Gerbstoffe, die Glykoside, die Mineralstoffe, die Pflanzenhormone, die Saponine, die Schleimstoffe und die Vitamine.

Nicht zu unterschätzen ist die Wirkung der ätherischen Öle in den Gewürzen, die nicht nur eine geschmacksverbessernde, sondern auch eine anregende, verdauungsfördernde, entgiftende oder entzündungshemmende Wirkung haben, um nur einige ihrer Vorzüge zu nennen.

Die für den Organismus wichtigen Mineralstoffe der Früchte, wie Kalzium, Phosphor, Eisen, Kupfer, Jod u.a. und die vielen Vitamine sind in ihrer Bedeutung für unsere Gesundheit sehr wesentlich. Ein Mangel daran führt im Laufe der Zeit zu Störungen der normalen Vorgänge im Organismus. Folgen davon sind rasche Ermüdbarkeit, Konzentrationsschwäche, Gereiztheit, Leistungsabfall und vieles mehr.

Die Vitamine, wie sie in den Früchten reichlich vorhanden sind, stellen wichtige Bausteine für unseren Körper dar.

Das Vitamin A ist als *das* Hautschutzvitamin bekannt und für die Gesundheit und Schönheit unserer Haut verantwortlich, aber auch für die Funktion der Schleimhäute, der Schilddrüse und der Leber.

Die B-Vitamine sind zur Regulierung des Zellstoffwechsels wichtig, aktivieren die Zellatmung und sind zur normalen Funktion des zentralen Nervensystems unbedingt erforderlich.

Das Vitamin C aktiviert zahlreiche Fermente, stärkt die natürlichen Abwehrkräfte und hat auch grundlegende Aufgaben im Zellstoffwechsel zu erfüllen. Außerdem ist das Vitamin C für den Aufbau und die Erhaltung der Kapillaren und Gewebe unentbehrlich.

Das Vitamin E fördert die Widerstandskraft unseres Körpers.

Früchte gewährleisten also eine reichliche Versorgung an lebensnotwendigen Vitaminen und Nährstoffen, die für einen gesunden Ablauf der Körperfunktionen notwendig sind.

Aber auch für eine äußerliche Anwendung sind Früchte und Gewürze von großem Nutzen, da ihre natürlichen Wirkstoffe durch die Haut in den Körper gelangen, um so ihre gesundheitsfördernde Wirkung zu entfalten, da unsere Haut die heilsamen Substanzen aktiv von außen her in sich aufnimmt.

Unter der Haut befinden sich riesige Geflechte von Haargefäßen und kleinsten Arterien und Venen, die als Treff- und Kreuzungspunkte des Blutstromes fungieren, dem auch die Lymphbahnen zugeordnet sind. Auf diesen weitverzweigten Bahnen werden die heilkräftigen Wirkstoffe weiterbefördert, um so den blockierten Energiefluß wiederherzustellen, der für Krankheiten und körperliche Störungen verantwortlich ist. Damit wird die aus dem Gleichgewicht geratene, innere Harmonie wieder in Balance gebracht.

Eine Heilbehandlung hat also die Aufgabe, die Normalisierung der Energieströme im Organismus, der aus der Balance geraten und krank geworden ist, zu erzielen. So erklärt sich auch die Heilwirkung von Einreibungen, Pakkungen, Wickeln und Umschlägen, wie sie in der therapeutischen Behandlung zur Anwendung kommen.

Die Heilkraft der Früchte und Gewürze, der Kräuter und der Mineralien können wir uns jederzeit zunutze machen, um gesundheitliche Störungen zu beseitigen, Abwehrkräfte zu stärken und um Schönheit und Wohlbefinden zu erlangen oder zu erhalten.

Wir alle wissen den Wert unserer Gesundheit zu schätzen und daher befassen wir uns zunehmend mit der Frage des naturgemäßen, gesunden Lebens, denn das ist die grundlegendste Voraussetzung, um Krankheiten und körperliche Störungen zu vermeiden.

Oftmals sind ganz einfache, natürliche Mittel dazu imstande, Erleichterung, Linderung oder Heilung zu verschaffen, ohne daß man gleich mit »schweren Geschützen« auffahren muß.

Es ist natürlich selbstverständlich, daß bei ernsthaften Erkrankungen ärztliche Hilfe unumgänglich ist, und daß in einem solchen Fall eine Selbstbehandlung sogar lebensgefährlich werden kann.

Was hier gesagt und geraten wird, soll also keinesfalls den Arzt oder Heilpraktiker ersetzen, sondern es will vielmehr das Allgemeinwissen um den Wert natürlicher Heilkräfte erweitern, damit man sich bei Bedarf mit einfachen, natürlichen Mitteln selbst helfen kann.

Die nachfolgenden Rezepte sind also im Sinne altbewährter Hausmittel zu betrachten und anzuwenden.

Jeder Mensch trägt die Verantwortung für seine Gesundheit selbst in der Hand.

Mit dem Wissen um die vielen einfachen und natürlichen Möglichkeiten, seinen Körper wirkungsvoll zu unterstützen, ist es einfach, das passende Heilmittel für sich zu finden und in sein Leben miteinzubeziehen, um mit den Kräften der Natur Unpäßlichkeiten, Störungen und Schwächen zu kurieren.

Es sollte für uns alle immer mehr zur Selbstverständlichkeit werden, daß wir uns natürlicher Heilquellen bedienen, denn damit helfen wir nicht nur uns selbst, sondern auch unserer Natur. Je mehr wir uns wieder auf sie besinnen, umso besser können wir dazu beitragen, ihre zunehmende Zerstörung aufzuhalten, wozu es heute höchste Zeit geworden ist.

Praktische Anwendung der Heilrezepte

Die in den Früchten, Kräutern und Gewürzen enthaltenen Substanzen tragen eine starke, natürliche Heilenergie in sich, die aber auch eine gewisse Zeit benötigt, um ihre Wirksamkeit voll entfalten zu können.

Eine Kur erstreckt sich in der Regel über 10 Tage, kann aber bei Bedarf beliebig oft wiederholt werden.

Regenerations-, Entschlackungs- und Schlankheitskuren dauern 3 Wochen. Diese Zeitspanne ist notwendig, damit alle Gewebe erfaßt werden und damit die Ausscheidungssysteme des Organismus – wie die Leber, der Darm, die Nieren und die Schweißdrüsen – angeregt werden, um die Giftstoffe und Schlacken aus dem Körper auszuscheiden. Es ist ratsam, die Gewürze – so heilkräftig sie auch sind – maßvoll anzuwenden, d.h. die Dosierung zu beachten und die angegebene Einwirkungszeit nicht außer acht zu lassen, da die Präparate nach dieser Zeit Giftstoffe aus dem Körper durch die Poren der Haut aufgesaugt haben und daher entfernt werden müssen. Der starke Geruch, den diese nach 1 Stunde angenommen haben, beweist das.

Dosierungsangaben:

1 Teelöffel (TL)	–	ca. 3 g Pflanzengewicht
1 Eßlöffel (EL)	–	ca. 10 g Pflanzengewicht
1 Prise	–	ca. 2 g Pflanzengewicht
1 Handvoll	–	ca. 45 – 60 g Pflanzengewicht
1 Tasse	–	ca. 150 ml

Man kann Früchte, Gewürze und Kräuter sowohl durch eine innerliche als auch durch eine äußere Anwendung wirksam werden lassen. Im ersten Fall hat man die Wahl zwischen einem Aufguß (Tee), Brei oder Saft, im zweiten Fall sind es Packungen, Kompressen oder Kataplasmen (Breiumschläge), die in den folgenden Rezepten kurz mit »Umschlag« bezeichnet werden.

Für die Kompressen verwendet man ein weiches Tuch (möglichst in der benötigten Farbe), faltet dieses zusammen und tränkt es mit dem flüssigen Präparat. Dann legt man es direkt auf die zu behandelnde Körperstelle. Für den Breiumschlag verwendet man ein Stück Verbandgaze, schlägt den Brei darin ein und legt das dann direkt auf die erkrankte Körperpartie. Sowohl die Kompresse als auch den Umschlag deckt man mit einer wasserdichten Folie ab, wickelt ein Frotteetuch darüber und deckt sich dann mit einer Wolldecke gut zu, da die Wärme den Heileffekt verstärkt.

Man kann während der Einwirkzeit zusätzlich eine Farblichtbestrahlung vornehmen und die Energieschwingungen der passenden Edelsteine gleichzeitig in diese Heilbehandlung miteinbeziehen. Atemübung, Meditation oder Farbklänge (siehe »Farbklangtherapie«) fördern zusätzlich diese energetische Harmonisierung und sind deshalb während der Behandlungszeit sehr empfehlenswert.

Apfel *(Fructus malus)*

Der Apfel wirkt durch seinen Natron- und Phosphorgehalt, sowie durch seine Säure auf Gehirn, Leber und Darm.

Rohe Apfelschalen (unbehandelt) vermehren die Harnsäureausscheidung. Ebenso hat der Apfel eine nervenberuhigende Wirkung. Der Apfel hat erst in neuerer Zeit seine Würdigung als ein nicht zu unterschätzendes Heilmittel erhalten.

Er wirkt abführend, antiseptisch, appetitanregend, blutstillend, gegen Durchfall, fiebersenkend, harntreibend, tonisch und erfrischend. Apfelsaft ist außerdem ein vorzügliches Tonikum gegen faltige, schlaffe Haut.

Der Apfel enthält Natrium, Kalium, Kalzium, Magnesium, Phosphor, Schwefel, Chlor, des weiteren wurden Kieselsäure und Aluminium nachgewiesen.

An Vitaminen enthält er die Vitamine A, B1, B2, C, Nikotinsäure, B6 und E. Dazu kommen die ätherischen Verbindungen der Fruchtsäuren, die den angenehmen Duft des Apfels ausmachen und das Pektin, ein Stoff, der große Mengen Wasser binden kann.

Banane *(Musa sapientum)*

Die Banane wächst in feuchten, tropischen Gebieten.

Heilkundige in Indien und im alten Persien empfahlen das Essen von Bananen für eine »zauberhafte Verjüngung«.

Die Orientalen betrachteten sie als »goldene Frucht« und als »das Geheimnis der Natur für ewige Jugend«.

Es wird berichtet, daß die Ärzte damals in der Lage waren, jugendliche Energie, eine bessere Verdauung und eine Art von Zellverjüngung bei ihren Patienten zu erzielen, indem sie ihnen Bananen verordneten. Diese Patienten hatten chronische Verdauungsbeschwerden, einen »alternden« Stoffwechsel und andere Symptome von Gewebeerschöpfung. Nachdem sie frische Bananen bekamen, begannen sie sich zu erholen.

Bananen sind dafür bekannt, daß sie eine gesunde Verdauung fördern und ein jugendliches Aussehen und Wohlbefinden erwirken.

Die samtige, weiche Banane birgt einen goldenen Schatz der Gesundheit.

Sie hat eine alkalisierende Wirkung auf den Inhalt der Gedärme, entgiftet infektiöse Bakterien, vergrößert den Proteinvorrat im Körper, bildet Widerstandskräfte gegen Allergien, beseitigt Verstopfung, beruhigt und heilt Dickdarmkatarrh und Magengeschwüre, beruhigt die Nieren, regt den Appetit an, indem sie die Geschmacksnerven nährt und sie bewirkt eine Zellverjüngung, indem sie den empfindlichen Yin – Yang – Ausgleich im Verdauungssystem wiederherstellt und damit den Nährstoffen zu besserer Assimilation verhilft.

Sie ist eine gute Quelle für Kalium, Kalzium, Magnesium und sie enthält die Vitamine A, B, C und E, Phosphor, Mangan, Pyridoxin, Inosit, Folinsäure und sie ist reich an Spurenelementen, sowie Mineralsalzen.

Sie hat eine besonders gute Wirkung auf die Gesunderhaltung der Haut, Augen und der Schleimhäute und regeneriert das Gewebe. Die alten Orientalen priesen die Banane als »magische Frucht der Götter«.

Grapefruit *(Citrus paradisi)*

Die Grapefruit wird in den subtropischen Ländern angebaut.

Die medizinische Bedeutung der Grapefruit liegt in ihrer appetitanregenden, stoffwechsel-, verdauungs- und in ihrer kreislauffördernden Wirkung. Sie wirkt außerdem antiseptisch auf die Verdauungs- und Harnwege, gleichzeitig verdünnt sie das Blut und begünstigt die Ausscheidung giftiger Säuren.

Außerdem wird durch ihren hohen Gehalt an Askorbinsäure Kalzium im Körper länger festgehalten.

Insgesamt gesehen wirkt sie anregend, tonisierend, entlastend, sie aktiviert den Stoffwechsel, entlastet die Leber und läßt durch den vorhandenen Bitterstoff die Galle besser fließen. Sie spielt eine große Rolle bei der Behandlung von Übergewicht und bei Entschlackungskuren.

Ihre Hauptwirkstoffe sind die Vitamine A, B1, B2, Niacon, C, Natrium, Kalium, Kalzium, Magnesium, Phosphor, Eisen.

Die Angewohnheit der Amerikaner, schon vor dem Frühstück ein Glas frisch gepreßten Grapefruitsaft zu trinken, ist durchaus nachahmenswert!

Orange *(Citrus Aurantium)*

Die Orange ist in Südeuropa beheimatet. Sie zählt zu den wertvollsten Früchten, die wir zur Verfügung haben und ist sehr vielfältig in ihrer Wirkungsweise.

Sie besitzt eine erfrischende, tonisierende, kreislauf- und stoffwechselanregende Wirkung, außerdem ist sie appetitanregend, blutstillend, fiebersenkend, krampflösend, schlaffördernd, sedativ, verdauungsfördernd und sie fördert die Gallensekretion. Sie findet auch in der Kosmetik ihre Verwendung.

Die Orange enthält die Vitamine A, B1, B2, C, B5, B6, E, PP sowie Fruchtzucker, organische Säuren, Aminosäuren, Pektinstoffe und Mineralsalze.

Zitrone *(Citrus medica)*

Die Zitrone wurde von den jugendlich, gesunden Südsee-Insulanern schon jahrhundertelang zur Schönheitspflege verwendet. Der lebende Beweis für die Wirkung der Zitrone als Schönheitsmittel ist ihre schöne, gesunde Haut. Akne und Mitesser kennen sie kaum.

Auch für die alten Orientalen war die Zitrone ein natürliches Mittel zur Schönheitspflege. Bis heute wird die Zitrone mit ihrem wertvollen Saft zur Förderung der Heilung und zur Wiederherstellung der Jugendfrische von Haut und Haar verwendet.

Die aus dem Mittelmeergebiet kommende Frucht wirkt außerdem antiseptisch, erfrischend, tonisierend, fiebersenkend. Ihr hoher Vitamin C-Gehalt stärkt die Abwehrkräfte.

Ihre starke und natürliche Fruchtsäure stellt den natürlichen Säuremantel (pH Wert) der Haut wieder her, der oftmals durch alkalische Seifen fortgewaschen wird.

Die Zitrone regt außerdem die Zellfunktionen an, wirkt bei Störung der Blutbildung, des Wachstums, heilt Zahnfleischerkrankungen und Schleimhautentzündungen. Der Saft einer Zitrone deckt den Tagesbedarf an Vitamin C.

Die Zitrone enthält frucht- und anorganische Säuren, Vitamine, Schleim-, Bitter- und Gerbstoffe.

Kartoffel *(Solanum tuberosum)*

Die Kartoffel setzte sich in Europa erst gegen Ende des 18. Jahrhunderts durch.

Sie ist ein wertvolles Nahrungsmittel, ist sehr leicht verdaulich und wirkt stärkend, kräftigend, aufbauend und erweichend.

Außerdem wirkt die Kartoffel harntreibend und narbenbildend.

Bei allen grünen Pflanzenteilen, hauptsächlich bei der unreifen Kartoffel und den auskeimenden Trieben der Knolle, ist große Vorsicht geboten, da sie den Stoff Solanin enthalten, der schwere Vergiftungen zur Folge haben kann!

Die Hauptwirkstoffe der Kartoffel sind Natrium, Kalium, Kalzium, Magnesium, Phosphor, Eisen, Vitamine A, B1, B2, Niacin, B6, C, E und K.

Roher Kartoffelsaft hilft bei der Beseitigung von überstarker Magensäure. Auch bei Kreislauferkrankungen und hartnäckigen Wasseransammlungen in den Organen und Geweben erzielt man mit Kartoffeln eine gute Heilwirkung.

Man nimmt dafür drei Tage lang jeden Tag 1 kg Kartoffeln ohne Salz und ohne Fett in sechs Portionen über den Tag verteilt. Damit tritt eine gute Entwässerung ein.

Roh geraffelte Kartoffeln wirken hervorragend bei schlecht heilenden Wunden, bei Geschwulsten und entzündeten Stellen.

Durch seine basischen Stoffe wirkt Kartoffelsaft sehr gut bei Rheuma und Arthritis, da die Harnsäure dadurch gebunden wird. Roher Kartoffelbrei ist auch ein ausgezeichnetes und sehr wirkungsvolles Kosmetikum.

Die Enzyme in der rohen Kartoffel schaffen eine Hautnahrung für das Zellgewebe. Die alkalischen Säfte haben eine antiseptische Wirkung, die der Haut ein leuchtendes, jugendliches Aussehen verleiht. Verbrauchte Haut wird durch den Säureanteil des Kartoffelbreis abgelöst. Die Haut wird verjüngt und erfrischt.

Kohl *(Brassica oleracea)*

Kohl ist nicht nur eines der bekanntesten und beliebtesten Gemüsesorten, sondern er ist auch eine wertvolle und wichtige Heilpflanze. Die alten Römer hielten den Kohl geradezu für eine Wunderpflanze. Doch im 19. Jahrhundert wurde er dann in die Küche verwiesen und man sah in ihm, der sogar den gefürchteten Skorbut besiegt hatte, kaum noch mehr als ein Hausmittelchen.

Erst in neuerer Zeit haben Naturärzte die enorme Heilwirkung des Kohls wiedererkannt.

Wissenschaftliche Versuche haben bewiesen, daß die Zufuhr von Eiweiß durch tierische Nahrungsmittel, den Cholesterinspiegel im Blutserum erhöht, während Eiweiß aus pflanzlichen Nahrungsmitteln diesen deutlich senken.

Kohl erfüllt daher mit seinem Eiweißgehalt in der Diätetik der Fettstoffwechselstörungen eine große Aufgabe.

Er ist außerdem nierenwirksam, beseitigt Ödeme, erhöht die Kapillarresistenz und fördert die Hebung des Allgemeinzustandes.

Auch die Schilddrüse wird durch Kohl deutlich stimuliert.

Kohlsaft ist ein hochwirksames Mittel gegen Magengeschwüre.

Er wird sogar zu den Antibiotika gezählt, nachdem wissenschaftlich nachgewiesen wurde, daß er einen bakterientötenden Stoff enthält. Außerdem wirkt der Kohl blutreinigend, wundheilend, narbenbildend, blutzuckersenkend, blutbildend, hustenbekämpfend, verdauungsfördernd, er läßt Geschwüre abheilen, wirkt gegen rheumatische Schmerzen und gegen Neuralgien, Ischias und Gicht.

Unzählige Heilerfolge wurden bei den verschiedenartigsten Leiden erzielt wie z.B. auch bei Hauterkrankungen wie Furunkel, Akne, Ekzemen, Verbrennungen und Verletzungen aller Art, aber auch bei Venenentzündungen, Verstauchungen, Bronchialkatarrh und bei fieberhaften Erkrankungen verschiedenster Art.

Schon Hippokrates empfahl gekochten und aufgewärmten Kohl zur Diätbehandlung von Herzleiden.

Wunden und Geschwüre wurden durch Auflegen von zerstoßenen Kohlblättern geheilt, ist uns aus alten Rezeptbüchern überliefert. Man nahm an, daß der Kohl eine gewisse Affinität zu verdorbenen Körpersäften besitzt und daß die Heilung durch eine Blutreinigung durch die Haut hindurch erfolgt.

Die echte und zuverlässige Wirksamkeit des Kohls brachte ihm den weitverbreiteten Ruf ein:

»Der Kohl ist der Arzt der Armen – ein von der Vorsehung gesandtes Medikament.«

Oder auch:

»Der Kohl könnte für die Therapie sein, was das Brot für unsere Ernährung ist.«

Es gibt wenig natürliche Heilmittel, von denen sich soviel Gutes nachsagen läßt, wie vom Kohl, einem von vielen wirksamen »Volksmitteln«, die immer mehr in Vergessenheit geraten sind. Die Hauptwirkstoffe im Kohl sind folgende: Eiweiß, Fett, Kohlenhydrate, Natrium, Kalium, Kalzium, Magnesium, Phosphor, Eisen, Vitamine – A, B1, B2, Niacin, B6, C und K.

Zusammenfassend sei noch einmal gesagt, daß Kohl ein hochwirksames Mittel gegen Fettstoffwechselstörungen ist.

Außerdem zieht er Giftstoffe aus dem Körper und gibt seine heilsamen Kräfte durch die Haut an ihn ab.

Gewürznelke *(Eugenia Caryophyllata)*

Die aromatischen Öle der Gewürznelke stabilisieren den Kreislauf und regulieren die Körpertemperatur. Sie steigern den Enzymfluß und wirken verdauungsfördernd und anregend auf die inneren Organe. Die ätherischen Öle der Gewürznelke wirken außerdem stark desinfizierend und antiseptisch.

Die alten Ägypter kauten bei Zahnschmerzen, oder um einen wohlriechenden Atem zu bekommen auf einer Gewürznelke.

Die Tibetaner priesen das Nelkenöl als schmerzstillendes Mittel. Besonders intensiv ist die Wirkung auch auf die Nerven.

Der Gewürznelke wird aber auch eine magen- und gefäßanregende Wirkung bestätigt.

Gewürznelken werden in den Tropen angebaut. Sie enthalten 20 % ätherisches Öl, 12 – 20 % Gerbstoff, Eugenol, Fett, Schleim, Harz und Wachs.

Ginsengwurzel *(Panax – schinseng)*

Die Ginsengwurzel ist eine Heilpflanze von legendärem Ruf, die kaum durch eine andere ersetzt werden kann, weil sie ihren eigenen Pflanzencharakter, ihr typisches »Heilgesicht« hat.

Ihr botanischer Name »Panax – schinseng« beinhaltet bereits die Wertschätzung, die man dieser Droge entgegenbringt.

Der Name bedeutet nämlich soviel wie »Allesheiler – Menschenwurzel«.

Betrachtet man eine Ginsengwurzel genauer, dann erkennt man an ihren eigentümlichen Gestaltungsprinzipien, daß sie über das Pflanzenhafte hinausragt und eine menschenähnliche Form aufweist.

Über 5000 Jahre lang wurde orientalischer Ginseng von den Menschen in China, Korea, Japan, aber auch von den Ägyptern wegen seiner belebenden und wiederherstellenden Kräfte verehrungsvoll verwendet. Ginseng war von jeher sowohl eine gepriesene, magische Pflanze, als auch ein geschätztes Heilmittel. Er wurde als die wertvollste, medizinische Pflanze angesehen und die alten Orientalen nannten sie »magische Verjüngungspflanze für immerwährende Virilität.« Von allen Heilpflanzen und Kräutern ist die Ginsengwurzel in der Tat die einzige, die wie ein Mensch gestaltet ist.

Ihre Form ähnelt den Armen, Beinen, dem Rumpf und der Brust eines Menschen.

Für die alten Orientalen war das der geheime Wink der Natur, zu zeigen, daß die Ginsengwurzel alle Elemente enthält, welche die Gesundheit und die Jugendlichkeit eines Menschen wiederaufbauen. Die gelehrten Orientalen priesen Ginseng folgendermaßen:

»Ginseng verjüngt die 5 Sinne, stellt das Wohlbefinden der Seele wieder her, beruhigt Ängste, erfrischt die Augen, stärkt das Herz, erneuert den Körper, erhöht die Vitalität und steigert die Freude an einem produktiven Leben.«

Orientalische Ärzte und Wissenschaftler, die die magischen Kräfte des Ginseng untersucht haben, berichteten davon, daß er den ganzen Körper erneuern, beleben, reaktivieren und damit den ganzen Organismus stärken kann.

Für sie ist Ginseng das wirkungsvollste aller Herzmittel,

Stimulantien, Stärkungsmittel, Verdauungsmittel, fiebersenkender Mittel, und darüber hinaus stärkt er nachlassende Kräfte und füllt das Herz mit Heiterkeit. Sein regelmäßiger Gebrauch fügt dem Leben ein Jahrzehnt hinzu, wird behauptet, denn er hat eine außerordentliche Wirkung auf den Stoffwechsel und auf die allgemeinen Abwehrkräfte des Organismus.

Die hochgepriesene Wunderpflanze ist von der modernen Wissenschaft sorgfältig untersucht worden.

Man hat herausgefunden, daß diese Pflanze folgende 7 Geheimnisse der Verjüngung und Regeneration enthält:

Harz ist eine natürliche, organische Substanz, die eine zerebralzirkulierende, elektrolytische Wirkung fördert und träge Funktionen stimuliert.

Saponin ist ein hygroskopisches Glukosid, das als Quelle der Energie auf geschwächte Organe wirkt.

Stärke schafft einen Prozeß natürlicher Stoffwechsel-Assimilation, wodurch innere und äußere Organe ernährt werden.

Tannin ist eine lösliche, adstringierende Phenol-Substanz, welche die innere Heilung von Entzündungen fördert und generell lindernd auf den Körper wirkt.

Aromatische Bitterstoffe sind heilende Bestandteile, die beim Assimilationsprozeß der Nahrung helfen.

Ätherische Öle sind natürliche Ginseng-Säfte, die zu einem ausgewogenen Stoffwechsel beitragen und die träges Gewebe und Zellen ölen und geschmeidig machen.

Panazin ist eine geheimnisvolle, aber wissenschaftlich identifizierte Substanz im Ginseng, die bekannt für ihre bemerkenswerte Heilwirkung ist. Sie verjüngt die Zellen, regeneriert das Gewebe und reaktiviert sogenannte arteriovenöse Teile des Körpers. Panazin wird als der wirkungsvollste Bestandteil im Ginseng angesehen.

Des weiteren haben die Wissenschaftler entdeckt, daß Ginseng verschiedene Enzyme enthält, die bekannt dafür sind, daß sie ein Gefühl der Verjüngung erzeugen und die Gehirnzellen regenerieren.

Es wurde erforscht, daß Ginseng zwei besonders wertvolle Enzyme liefert, nämlich das *Azetylcholin*, das die Nervenzellen dazu anregt, eine kleine elektrische Ladung zu erzeugen, die an die nächste Zelle weitergegeben wird und Nachrichten vom und zum Gehirn transportiert.

Außerdem enthält Ginseng das Enzym *Cholinesterase,* das die Nerven in die Lage versetzt, sich auszuruhen, zu erholen und sich wiederaufzuladen. Ohne dieses Enzym würden die Gehirnnerven und die anderen Nerven schnell erschöpft und ausgebrannt sein.

Diese zwei natürlichen, wertvollen Bestandteile des Ginseng erzeugen im Organismus schnelle, koordinierte Reflexe, sie verjüngen die Speichermöglichkeiten des Gedächtnisses und sind eine Hilfe für ein gesundes, ausgewogenes Nervensystem.

Diese beiden Enzyme haben eine enge Beziehung zu den jugendlichen Aktivitäten des Gehirn-Nervensystems. Sie lösen verschiedene, emotionelle und physische Wirkungen aus, die sich als Gefühl der Verjüngung und Regeneration manifestieren.

Wissenschaftler berichten, daß Ginseng mitogenetische Strahlen aussendet, die als natürliche, ultraviolette Strahlung angesehen werden. Die Natur erzeugt durch diese mitogenetische Ausstrahlung der Ginsengwurzel einen Prozeß der Zellvermehrung.

Dieser natürliche Verjüngungsprozeß der Zellen stimuliert die träge gewordenen Körperprozesse und fördert die Wirkung der Zellerneuerung. Das ist der Schlüssel zur Heilung und Regeneration. Ginseng hat die Fähigkeit, die Widerstandskraft des Körpers gegen Infektionen zu steigern.

Diese Wirkung ist das Grundprinzip des Yin-Yang-Heilprogramms, welches das verlorengegangene Gleichgewicht wiederherstellt, sodaß die Ursache geheilt wird, um so die Symptome zu beseitigen. Ginseng stärkt also auch das empfindliche Yin-Yang-Gleichgewicht, verbessert den Blutdruck, kontrolliert den Cholesterin-Stoffwechsel, unterstützt den Zucker-Stoffwechsel, schützt die Leber, reguliert das Körpergewicht, schafft neue Lebensenergie und hält den Alterungsprozeß auf.

Ingwerwurzel *(Zingiber officinale)*

Dieses Gewürz ist schon seit 2500 Jahren in China bekannt.

Im Mittelalter wurde die Ingwerwurzel zur Vorbeugung gegen die Pest und den Skorbut empfohlen.

Ingwer hat eine stimulierende, schweißtreibende und durchblutungsfördernde Wirkung, hilft bei Magenbeschwerden und Übelkeit und war früher ein sehr beliebtes Mittel gegen Reisekrankheiten.

Außerdem regt Ingwer die Verdauung und den Stoffwechsel an und hat eine stimulierende Wirkung auf die Haut und das Gewebe. Ingwer gilt auch als Beruhigungsmittel und als Diuretikum und bewirkt eine Verbesserung der Sehkraft.

Kümmel *(Carum carvi)*

Der Kümmel wirkt verdauungsfördernd, windtreibend und reguliert die Menstruation. Er ist ein gutes Mittel gegen Magenbeschwerden, Blähungen und kolikartige Schmerzen und er wirkt anregend auf die innere Sekretion der Drüsen.

Der Kümmel enthält vor allem das ätherische Öl Carvon, Fettsäuren, Eiweißstoffe, Kohlenhydrate, Gerbstoffe, Zellulose.

Kümmelöl wird seiner heilenden Eigenschaften wegen, vorsichtig dosiert, besonders bei Verdauungsstörungen, empfohlen.

Der Kümmel ist ein sogenanntes »wärmendes Samengewürz«. Er ist auch bei Erkältungen und Entzündungen zu verwenden.

Meersalz

Die Minerale des Meersalzes, besonders das Jod, werden durch die Poren der Haut aufgenommen und stellen so das innere Gleichgewicht wieder her.

Salz zieht das Wasser aus den Poren – das ist eine Art eines natürlichen, physiologischen Gleichgewichts, das damit hergestellt wird. Meersalz enthält nicht nur Natriumchlorid, sondern auch Kalium-, Kalzium- und Magnesiumchlorid, die sich im biologischen Gleichgewicht halten, sowie eine Menge lebenswichtiger Spurenelemente.

Muskatnuß *(Myristica fragrans)*

Die Muskatnuß hat einen besonders hohen Gehalt an ätherischen Ölen. Ihre Wirkung ist schmerzlindernd, kräftigend und sie wird als Magenmittel verwendet.

Außerdem ist dieses Gewürz sehr wirksam gegen Erkältungskrankheiten. Es fördert die Diurese, wirkt gegen Durchfall und ist beruhigend bei Herzflattern.

Früher benutzte man die Muskatnuß um einer Fehlgeburt vorzubeugen, außerdem gegen Seekrankheit und Erbrechen.

Bemerkenswert ist die Tatsache, daß die Orientalen speziell gegen Darminfektion Muskatnuß, ebenso wie auch Gewürznelken, verwendeten.

Oregano *(Origanum vulgare)*

Im Mittelalter glaubte man, Oregano könne vor bösen Geistern schützen.

Der Oregano ist eine angenehm duftende Pflanze, die manchmal mit dem Majoran verwechselt wird.

Die Heileigenschaften des Oregano beruhen auf seinem stimulierenden Einfluß auf das Nervensystem, sowie auf seinen schmerzstillenden Eigenschaften. Er gilt als schweiß- und harntreibend, magenwirksam, wirksam gegen Blähungen, menstruationsfördernd, krampflösend, antiparasitär, antiseptisch, tonisch.

Oregano enthält ätherisches Öl, Harz und Gerbstoff.

Rosmarin *(Rosmarinus officialis)*

Rosmarin wirkt auf den Organismus allgemein tonisierend, durchblutungsfördernd und entzündungswidrig. Außerdem wirkt Rosmarin antiseptisch, gallentreibend, harntreibend, krampflösend, stimulierend und es ist magenwirksam. Es hat auch eine wundheilende Wirkung. Rosmarin enthält ein ätherisches Öl mit dem Hauptterpenen Cineol, Camphen, Borneol und Bornylazetat, ferner Rosmarinsäure, Flavonoide, Ursosäure, Gerbstoffe, Bitterstoffe und Harze.

Salbei *(Salvia officinalis)*

Der Salbei war das »heilige Kraut« der alten Römer. Er wird schon seit Jahrtausenden als Heilpflanze verwendet.

Die in der Heilkunde vielfach ausgenützte, entzündungswidrige Eigenschaft des Salbeis ist auf die schwach desinfizierende und adstringierende Wirkung des darin enthaltenen Gerbstoffs und des ätherischen Öls zurückzuführen.

Salbei wirkt antiseptisch, fungizid und entzündungshemmend. Außerdem beeinflußt er die Stoffwechseltätigkeit nachhaltig und hat eine krampflösende, schweißhemmende, stimulierende und wundreinigende Wirkung und ist zahnfleischkräftigend. Es hat auch eine bemerkenswerte Wirkung auf Beinödeme und Geschwüre.

Salbei enthält ätherische Öle, Gerbstoff, Bitterstoff, Harz, Nikotinsäureamid und einen Stoff mit östrogener Wirkung.

Honig

Überall im Orient wird seit tausenden von Jahren der Honig als natürliches Heilmittel verwendet.

Honig ist einer der goldenen Schätze der Natur, die nicht vom Menschen hergestellt werden können. Er ist eine Quelle vieler Wirkstoffe, die die Gesundheit fördern und eine verjüngende und verdauungsfördernde Wirkung haben.

Der Honig enthält 7 Verdauungshilfen in Form von wertvollen Enzymen, außerdem enthält er Minerale, 7 Vitamine des B-Komplexes, Vitamin C, Dextrin, Pflanzenpigmente, Aminosäuren und Spuren von Protein, Ester und Aromastoffen.

Er enthält durchschnittlich 17 % Wasser, 40 % Fruchtzucker, 34 % Dextrose (Traubenzucker), 2 % Rohrzucker, 2 % Dextrin und beträchtliche Mengen von Kieselerde, Eisen, Kupfer, Mangan, Chlor, Kalzium, Kalium, Phosphor, Schwefel und Magnesium.

Da 80 % seiner Zusammensetzung natürlicher Zucker ist, erzeugt Honig Energie. Anderer Zucker muß durch die Verdauungsenzyme aufgespalten werden, bevor er vom Blut aufgenommen werden kann. Honig enthält jedoch verdauten Zucker, der wenig Hilfe von den Enzymen benötigt. Er wird gleich nach dem Genuß in Energie umgesetzt.

Der Honig ist ein reines Heilmittel, da Bakterien im Honig nicht existieren können. Er gärt im Magen nicht und wird schnell absorbiert.

Der Honig fördert außerdem den Fluß der Verdauungsenzyme. Seine natürlichen Fettsäuren stimulieren die Peristaltik und erzeugen dadurch eine geregelte Verdauung.

Im Orient, wo chemische Abführmittel unbekannt waren, nahm man Honig als natürlichen Regulator.

Die alten Chinesen bedeckten Wunden dick mit Honig und ließen ihn mehrere Stunden einwirken. Sie verarbeiteten Honig auch in Salben zur Heilung von Wunden und Verbrennungen.

Honig wirkt sanft und beruhigend, lindert Entzündungen und ist heilungsfördernd.

Er war die natürliche Erste-Hilfe-Medizin des Orients, Medizin aus der Natur.

Der Honig verbessert auch die Speicherung von Kalzium, das zur Stärkung der Nerven und für die Knochen notwendig ist.

Honig erhöht den Hämoglobingehalt des Blutes und hilft durch seinen hohen Eisen- und Kupfergehalt bei Blutarmut.

Er beruhigt die Nieren und die Leber, schützt gegen Krankheiten der Atmungswege, stärkt das Herz und bewirkt Entspannung und Vitalität. Natürlicher, echter Bienenhonig ist die Hauptquelle von Pollen, den männlichen Keimen im Reich der Pflanzen.

Pollen bestehen zu etwa 35 % aus Proteinen, von denen die Hälfte frei von Aminosäuren ist. Der große Nutzen dabei ist, daß sie sofort assimiliert werden, um im Körper ihre Wirksamkeit zu entfalten. Der Pollen ist ein natürlicher und wichtiger Bestandteil des Honigs. Er ist sieben Mal so reich an Proteinen wie Käse, Eier oder Rindfleisch und er hat natürliche, antibiotische Eigenschaften, die bei der Vernichtung schädlicher Bakterien helfen.

Wir stehen hier vor der erstaunlichen Tatsache, daß uns die Natur mit dem Honig ein Produkt in die Hand gegeben hat, das in keiner Weise einem chemischen Desinfektionsmittel oder Keimhemmungsstoff nachsteht, das aber den unschätzbaren Vorteil hat, völlig unschädlich zu sein. Wissenswert ist es auch, daß sich die verschiedenen Honigsorten nicht nur im Geschmack sondern auch in ihren Bestandteilen voneinander unterscheiden.

Fichtenhonig enthält viel Phosphor und Mangan.
Er ist gut für die Erhöhung der Leistungsfähigkeit.

Akazienhonig enthält viel Kalzium.
Er hilft bei Kalkmangel und Muskelschwäche.

Waldhonig enthält viel Eisen und Kupfer.
Er ist bei Blutarmut sehr empfehlenswert.

Heidehonig enthält viel Kalium.
Er stärkt das Herz.

Gelee-Royale-Honig enthält Vitamin B1, B2, B6, Nicotinamid, Aminobenzoesäure, Inosit, Fermente, Enzyme und Hormone.

Honig steigert die Leistungsfähigkeit und wirkt als sogenannter »Bio-Aktivator« auf den gesamten Organismus.

Er enthält fünfzehnmal mehr Vitamin B2 als z.B. frische Äpfel. Das Vitamin – B2 sorgt dafür, daß die Zellen den Sauerstoff besser ausnützen.

Es ist sehr wichtig zu beachten, daß nur der echte, reine Bienenhonig die hier aufgezeigte Heilwirkung besitzt!

Die lebensnotwendigen Nährstoffe

Nährstoffe, wie Vitamine, Proteine, Kohlehydrate, Fette und Mineralien, sowie Sonnenlicht, Sauerstoff und Wasser spielen eine wichtige Rolle bei der Gesunderhaltung unseres Körpers.

Um ein ausgewogenes, tatkräftiges und erfolgreiches Leben führen zu können, ist eine gesunde Ernährung absolut notwendig und außerdem können damit unnötige Gesundheitsprobleme größtenteils vermieden werden.

Je mehr man über eine gesunde Ernährungsweise Bescheid weiß, umso besser kann man die richtige Entscheidung fällen und deshalb möchte ich mit diesem Kapitel ein Verständnis zur Grundernährung vermitteln, um damit jedem die Möglichkeit zu geben, für sich selbst eine vernünftige Wahl seiner Nahrung treffen zu können.

Es ist oft nicht leicht, alte, eingefahrene Gewohnheiten beiseite zu schieben und es ist ein fester Wille und eine Entschlußkraft notwendig, um alte Eßgewohnheiten, die man als falsch erkannt hat, umzustellen oder zu verändern, aber mit der richtigen Motivation, gesund, schlank und fit sein zu wollen, mit dem notwendigen Wissen um die richtige Wahl der Nahrungsmittel und mit ein wenig Selbstdisziplin ist es durchaus möglich.

Eine ausgewogene, natürliche und richtig zusammengestellte Ernährung hilft uns also dabei, Gewichts- und Gesundheitsprobleme zu lösen, sie verleiht mehr Energie, verhindert unnötige Krankheiten und die damit verbundenen Schmerzen und sie ist außerdem in der Lage, den Alterungsprozeß hinauszuzögern und ganz allgemein zu einem aktiveren und befriedigenderen Leben zu verhelfen.

Die lebensnotwendigen Nährstoffe und ihre Funktionen:

Proteine

Sie sind zuständig für die:
* Struktur der Körperzellen
* Wachstum und Wiederherstellung des Körpergewebes,
* Aufrechterhaltung des Flüssigkeitsgleichgewichts
* Regulierung der Körperfunktionen
* Produktion von Antikörpern zur Bekämpfung von Krankheiten und Infektionen

Unser gesamter Körper, angefangen von der Haut, den Haaren, den Nägeln, bis zu den Organen, dem Blut, den Hormonen und Enzymen, setzt sich aus Zellen zusammen, die zum größten Teil aus Eiweiß (Protein) bestehen. Für ihren Aufbau und die Instandhaltung ihrer Struktur sind die Zellen auf ständiges Eiweiß angewiesen, das im Gegensatz zu Kohlehydraten und Fetten nicht im Körper gespeichert werden kann.

Um körpereigene Proteine bilden zu können, benötigt unser Körper ausreichend tierisches und pflanzliches Eiweiß, das wir mit der Nahrung zuführen.

Die besten Protein-Quellen sind folgende:
* Sonnenblumenkerne, Sesamkerne oder -mehl, Nüsse, Mandeln, Pinienkerne und Paranüsse, jedoch sollten sie immer ungesalzen sein
* Sojabohnen, Kichererbsen – kombiniert mit Reis, Sesamkernen, Hirse oder Mais
* Bierhefe und Bäckerhefe
* Blütenpollen (Propolis)
* Milchprodukte und Molkereierzeugnisse

  Tierproteine befinden sich in:
* Geflügel, Fleisch, Fisch, Eiern.

Kohlehydrate

Sie dienen als:

* Hauptenergiequelle für alle Gewebe, einschließlich des Gehirns und des Nervensystems,
* Glukosequelle für das Nervengewebe.

Die Hauptenergiequelle unseres Körpers sind die Kohlehydrate. Eine gesunde Nahrung sollte hauptsächlich aus komplexen, unverfälschten Kohlehydraten bestehen. Sie tragen zum Stoffwechsel der Fette bei und wandeln diese in Energie um und sorgen dafür, daß der Körper entgiftet wird, indem bestimmte Chemikalien, bakterielle Toxine und andere Stoffwechselsubstanzen als Schlackstoffe ausgeschieden werden. Stehen nicht genügend Kohlehydrate zur Verfügung, so ist der Körper gezwungen, Proteine als Energiequelle einzusetzen. Vitalstoffarme Kohlehydrate sind wesentlich an einem überhöhten Cholesterinspiegel beteiligt, da es durch sie zu einer Störung im intermediären Stoffwechsel kommt.

Die besten Kohlehydrate-Quellen sind folgende:

* Getreidesorten, wie Weizen, Hirse,
* ungeschälter Reis und Buchweizen,
* Wurzeln und wurzelähnliches Gemüse, wie Kartoffeln und Mohrrüben,
* Hülsenfrüchte,
* frisches Obst,
* grünes Blattgemüse gibt Zellulose, Faser- und Ballaststoffe, was zur Anregung und Reinigung des Magen-Darmtraktes notwendig ist.

Fette

Sie dienen als:
* konzentrierte Energiequelle,
* Quelle der lebenswichtigen Fettsäuren
* zum Transport und Aufnahme von fettlöslichen Vitaminen A, D, E und K.

Unter unseren Nahrungsmitteln weisen die Fette den höchsten Kalorien- und Energiewert auf. Sie bilden zusammen mit den Kohlehydraten den Treibstoff für die Zellenenergie.

Fette setzen sich aus Fettsäuren zusammen.

In fester Form bezeichnet man sie als gesättigte und im flüssigen Zustand als ungesättigte Fettsäuren.

Die meisten tierischen Fette sind gesättigte Fettsäuren und die meisten aus Pflanzen gewonnenen sind ungesättigte Fettsäuren, mit Ausnahme der Avokado-, Kokosnuß- und anderer Palmfette.

Es gibt viele Untersuchungen, die darauf hinweisen, daß eine vorwiegend aus gesättigten Fettsäuren bestehende Ernährungsweise zu ernsthaften Gesundheitsproblemen führen kann, u.a. Herzkrankheiten. Die für unseren Körper notwendigen Fettsäuren müssen, so wie die Vitamine und Mineralien mit der Nahrung aufgenommen werden, weil der Körper sie nicht selbst herstellen kann.

Ein Mangel an Fettsäuren kann sowohl zu trockener Haut und vorzeitiger Faltenbildung, als auch zu ernsthaften Nerven- und Muskelstörungen führen.

Die besten Quellen für die lebenswichtigen Fettsäuren sind:
* Gemüse,

* Nüsse und Samenkörner, Sonnenblumenkerne, Kürbiskerne und Mandeln.

  Gesättigte Fettsäuren sind enthalten in:
* Milch, Butter, Käse,
* Eiern,
* Fleisch, Wurst.

Das Fett hat als Bestandteil unserer Nahrung folgende Funktionen:

* Es liefert eine konzentrierte Form von Vitamin E.
* Es ermöglicht dem Körper die Proteinverwertung zum Aufbau des Gewebes.
* Es dient als Polster für die inneren Organe und Gewebe und hält diese an ihrem Platz.
* Es speichert die Körperwärme und hält die Körpertemperatur aufrecht.
* Es dient zum Transport und zur Aufnahme der fettlöslichen Vitamine A, E, D und K.
* Es verlangsamt den Leerungsprozeß des Magens und stellt dadurch ein Gefühl der Sättigung und Zufriedenheit her.
* Es verstärkt den Geschmack der Nahrung.

Vitamine

Sie dienen zur:

* Aufrechterhaltung der Stoffwechselvorgänge,
* wirkungsvollen Ausnutzung anderer Nährstoffe,
* normalen körperlichen und geistigen Entwicklung.

Vitamine sind organische Verbindungen, die für die verschiedenen Stoffwechselfunktionen unerläßlich und daher lebensnotwendig sind. Da unser Organismus nicht fähig ist, sie selbst zu bilden, müssen die Vitamine mit der täglichen Nahrung zugeführt werden, wobei zur Erhaltung der Gesundheit nur kleine Mengen erforderlich sind; aber ein Fehlen kann zu Mangelerscheinungen und daraus folgenden Krankheiten führen.

Vitamine finden sich in allen lebendigen, unverfälschten Nahrungsmitteln pflanzlicher und tierischer Art.

Mineralien

Sie werden benötigt als:
* Aufbaustoffe für Knochen, Zähne und andere Gewebe, sowie Blut und Nerven,
* Regulatoren des Stoffwechsels,
* zur Aufrechterhaltung des normalen Flüssigkeits- und Säure-Basen-Gleichgewichts.

Unter Mineralien versteht man anorganische Stoffe oder Verbindungen wie Kalzium, Kalium, Magnesium, Phosphor, um einige zu nennen, die von Pflanzen in eine vom Menschen assimilierbare Form umgewandelt werden und die unser Körper für seine geregelte Funktionsfähigkeit benötigt.

Wasser

* ist ein lebensnotwendiger Hauptbestandteil aller Körperzellen,
* dient zur Ausscheidung von Schlackstoffen aus dem Körper.

Vitamine und ihre Quellen

Vitamine	Natürliche Quellen	Wirkungsweise
Vitamin – A Axerophthol Provitamin – A Vorstufe Karotin	Fisch, Kohl, Karotten, Sellerie, Spinat, Orangen, Pfirsich, Aprikosen, Erbsen, Bohnen, Salat, Milch, Lebertran, Butter, Eigelb, Rahm, Käse,	»Schönheitsvitamin« für die Haut, erhöht die Widerstandsfähigkeit gegen Infektionen, fördert das Wachstum, Fortpflanzung, reguliert den Säure-Basen-Haushalt, wirkt gegen Nachtblindheit, trockene Haut, sprödes Haar, Haarausfall, Steinbildung besonders in den Harnwegen, Zahnverfall, Erkältung, Juckreiz, wirkt auf die Schleimhäute, Schilddrüse, Leber, Augen-, Nieren-, Muskel-, Lungen- und Herzfunktion und auf das Wachstum der Zähne und Nägel,
Vitamin – B1 Aneurin, Thiamin	Getreidekörner, Weizenkeime, Bierhefe, Reis, Gemüse, Früchte, Kartoffel, Milch, Spargel, Rettich, Zitrone, Ananas, Sellerie, Karotten, Löwenzahn,	Gut für Zellaufbau und -ernährung, Nervosität, Nervenschmerzen, -entzündung, hilft bei Depression und herabgesetzter Spannkraft, nach Viruserkrankung, Konzentrationsschwäche, Schlaflosigkeit, Appetitlosigkeit, Muskelschwäche,
Vitamin – B2 Lactoflavin, Riboflavin	Hefe, Getreidekeime, Gemüse, Früchte, Käse, Ei, Milch, Äpfel, Aprikosen, Orangen, Pflaumen, Brunnenkresse, Spinat, Nüsse,	Transportiert Wasser und Sauerstoff durch den Körper, verbessert die Sehkraft, fördert das Wachstum, hilft bei Haut- und Schleimhautschäden, Seborrhoe, Ekzem, Wachstumshemmung, Störungen in der Fettverdauung und gegen nicht-infektiöse Bindehautentzündung,
Vitamin – B6 Adermin	Hefe, Getreide, grüne Gemüse, Milch, Eigelb, Kartoffeln, Weizenkeimen, Nüssen, Pollen,	Fördert den Aufbau der Blutzellen und den Stoffwechsel des zentralen Nervensystems, hilft gegen Schlafstörungen, Nervenschwäche, Hautschäden und Blutbildveränderungen,

Vitamine	Natürliche Quellen	Wirkungsweise
Vitamin – B12 Antipernizio-saprinzip	Algen, Molkereiprodukten, Bierhefe, Weizenkeimen, Vollreis, Eier, Grünblattge-müse,	Gegen körperliche und nervliche Erschöpfungszustände, wichtig für das normale Funktionieren aller Zellen, besonders auch für das Knochenmark, das Nerven- und Verdauungssystem, und zur Bildung roter Blutkörperchen,
Vitamin – B5 Pantothen-säure	Hefe, Sojamehl, Reiskleie, Kartoffeln, Getreide, Gemüse, Früchte, Tomaten, Nüssen, Milch,	Hält den Blutzuckerspiegel aufrecht, hilft beim Widerstand gegen Streß, fördert den Hautstoffwechsel, sowie Wachstum und Pigmentierung der Haare, heilt und beruhigt die Haut, beugt Faltenbildung vor, macht volleres Haar, verhindert vorzeitigen Haarausfall und Ergrauen, Infektionsschutz, stärkt die Funktionstüchtigkeit der Leber, verhütet Schädigung der Schleimhäute, wirksam gegen Depressionen, Seborrhoe, Schleimhautentzündung der Atemwege, Lungenentzündung, Dickdarmentzündung, Leberstörungen,
Vitamin – H Biotin	In freier Form im Blattgemüse, Früchten, Reiskleie und Milch. An Eiweiß gebunden in Pflanzensamen, Hefe, Eigelb,	Beeinflußt Haut, Schleimhäute und Muskelgewebe, wichtig zur Wiederherstellung einer natürlichen Darmflora, hilft gegen Talgdrüsenerkrankung der Haut, Akne,
Vitamin – B3 Niacin, Nikotinsäu-reamid	Hefe, Getreide, Früchte, Gemüse, Milch,	Macht die Haut weich und wirkt gut auf nervöse und seelische Verstimmungszustände,
Vitamin – B9 Folsäure	Grünes Blattgemüse, Blumenkohl, Milch, Käse, Hefe,	Regt die Wirkungsweise der Vitamine A, D, E und K an, beeinflußt die Leber, die Nieren und die Blutbildung,

Vitamine	Natürliche Quellen	Wirkungsweise
Vitamin – C Ascorbinsäure	Früchten, Gemüse, Salat, Apfelsine, Zitrone, Kohl, Hagebutte, Sanddorn, Paprika, Johannisbeeren, Grapefruit, Tomaten, Milch, Gurke, Karotten, Äpfel, Ananas, Kartoffeln, Datteln, Brunnenkresse,	Fördert den Stoffwechsel der Haut, der Schleimhäute und Knochen, bildet Abwehrkräfte, unterstützt die Funktion des Bindegewebes, hilft bei Hautinfektionen, Zahnfleischerkrankung, gegen Schwäche und allgemeine Erschöpfungszustände, Frühjahrsmüdigkeit, Darmträgheit, Anfälligkeit für Infektionen und Erkältungskrankheiten,
Vitamin – D Calciferol Sonnenvitamin	Milch, Eier, Butter, Hefe, Pilze, Hafer, Gemüse, Pollen,	Reguliert den Mineralsalz-Stoffwechsel, wirkt gegen Ekzeme, Gelenkrheumatismus, gut für Augen, Knochen und Zähne, hilft Akne vorbeugen, fördert die Kalziumaufnahme aus dem Darm, sowie den Einbau von Kalzium-Phosphat in den Knochen,
Vitamin – E Tokopherol, Fruchtbarkeitsvitamin	Getreidekeime, Keimöl, Gemüse, Salat, Eidotter, Milch, Butter, Nüsse, Reis, Oliven, Buchweizen, Vollkornprodukte, Käse, Melasse,	Reguliert die Funktion der Geschlechtsorgane, Leistungsfähigkeit des Nervensystems, Hormonproduktion, Herz- und Venenkreislauf, verhindert Muskeldegeneration, wirksam bei Heilungsprozessen, fördert die Widerstandskraft, ist unentbehrlich für den Kreislauf und gut für Haut und Haare, beeinflußt den Kohlehydratstoffwechsel, regeneriert das Bindegewebe,
Vitamin – F essentielle Fettsäuren, (Linol- und Linolensäure)	Kürbiskerne, Sonnenblumenkerne, Nüsse, Oliven, Olivenöl, Sesamöl, Pflanzenöle, Milch,	Reguliert den Cholesterinspiegel, gut für die Reproduktion der Zellen, bei Mangelerscheinungen, Neigung zur Furunkolose, Leberschädigung,

Vitamine	Natürliche Quellen	Wirkungsweise
Vitamin – K Phyllochinon, gerinnungsförderndes Vitamin	Kohl, Blumenkohl, Kartoffel, Spinat, grüne Bohnen, Erbsen, Tomaten, Zitrone, Hagebutte, Erdbeere, Brennnessel, Tang, Milch, Möhrenkraut, Petersilie, Naturreis,	Fördert die Blutgerinnung, wirkt Karies entgegen, gegen hohen Blutdruck, Blutungen im Unterhautzellgewebe, in der Muskulatur, im Darm und in anderen Organen können auf Vitamin – K-Mangel zurückzuführen sein, beschleunigt die Fettverbrennung, ideal zum Abbauen von Übergewicht, »das Schlankheitsvitamin«,
Vitamin – P Rutin Permeabilitätsvitamin	Buchweizen, Früchte, besonders Citrusfrüchte, Johannisbeeren, Paprika, Hagebutte, Kastanie,	Setzt die Durchlässigkeit der Kapillaren herab und erhöht ihre Widerstandsfähigkeit, greift in die Zellatmungsvorgänge ein, hilft gegen Gefäßdurchlässigkeit, Ödemneigung, Krampfadern, Zahnfleischblutung.

Mineralien und ihre Quellen

Mineralien	Natürliche Quellen	Wirkungsweise
Kalzium	Milchprodukte, grünes Gemüse, Eigelb, Nüssen, Kohl, Möhrenkraut, Wasserkresse, Löwenzahn, Linsen, Tang, Kastanien, Getreide, Petersilie, Erdbeeren, Datteln, Feigen, Brombeeren, Zitrone, Grapefruit, Orangen, Nüssen,	Fördert die Blutgerinnung, Herztätigkeit, Durchlässigkeit der Zellwände, Aufbau von Knochen und Zähnen, beruhigt die Nerven, wirkt gegen Zahnverfall, Nervosität, Müdigkeit, Drüsenentzündung, unentbehrliche Nervennahrung,
Chlorid	Seetang, Meersalz, Kochsalz, Milch,	Wirkt auf die Muskelfunktionen, reguliert die Gewebespannung und den Wasserhaushalt,
Chrom	Bierhefe, Weizenkeime, Honig,	Fördert die Wirkungsweise des Insulins und regt das Enzym an, das den Glukosestoffwechsel bewirkt,
Kobalt	Sojabohnen, Getreide, Hülsenfrüchte,	Wichtig für den Aufbau des Vitamin B12, blutzellenbildend,
Kupfer	Grünes Blattgemüse, Eigelb, Roggen, Mandeln, Nüsse, Weizen, Rote Bete, Zwiebeln, Spinat, Porree, Kirschen, Orangen, Äpfel, Trauben, Pollen,	Unentbehrlich für normale Zellfunktionen und zur Knochenbildung, wirkt gegen Infektionskrankheiten, ist beteiligt am Aufbau des Blutfarbstoffs, Sauerstofftransport, Enzymbestandteil,
Jod	Meersalz, Tang, Agar-Agar, Milch, Weizen, Salat, Wasserkresse, Kohl, in allen Gartengemüsen, Knoblauch, Zwiebel, Spinat, Karotten, Tomaten, Birnen, Trauben,	Unentbehrlich für eine normale Schilddrüsentätigkeit, Blutdruckregulator, gegen frühzeitige Alterserscheinungen, Fettsucht, Kropfbildung, sowie für viele Stoffwechselfunktionen des Körpers,
Eisen	Linsen, Petersilie, Nüsse, Karotten, Soja, Leber, Zwiebel, Äpfel, Kartoffel, Kohl, Rosenkohl, Eier, Getreide, Melasse, Meeresalgen, Rosinen, Aprikose, Milch, Mandeln, Grünblattgemüse, Kresse, Tomaten, Kastanien	Notwendig für geregelte Darmtätigkeit, zum Transport und der Speicherung von Sauerstoff, gegen Blutarmut, liefert Sauerstoff und hilft, daß er vom Körper verarbeitet werden kann, Enzymbestandteil,

Mineralien	Natürliche Quellen	Wirkungsweise
Magnesium	Grüne Gemüse, Mandeln, Nüsse, Sojabohne, Reis, Milch, Meersalz, Getreide, Banane, Kohl, Weizen, Hafer, Roggen, Kartoffeln, Rote Bete, Pollen,	Beeinflußt die Drüsen, regt die Gehirnimpulse und Muskelkontraktionen an, wirkt gegen frühzeitige Alterserscheinungen, Verdauungsstörungen, Gicht, Arthritis, wichtiger Zellregenerator, Enzymbestandteil, unterstützt die entschlackende Wirkung der Leber, erhöht die Abwehrkräfte, sorgt für das Kalziumgleichgewicht im Körper,
Mangan	Banane, Bohnen, Weizenkleie, Sellerie, Nüsse, Spinat, Kresse, Kohl, Karotten, Löwenzahn, Zwiebel, Kartoffeln, Pollen,	Steigert die Vitamin – B1 Verwertung, wichtiger Katalysator, Bestandteil vieler Enzyme, wirkt gegen Bluthochdruck, Sterilität, Rheuma, Gicht, fördert die Leber-Nierenfunktion, Aktivator im Stoffwechsel aller Nährstoffe,
Phosphor	Milch, Milchprodukte, Hülsenfrüchte, Weizen, Soja, Petersilie, Knoblauch, Sellerie, Karotten, Zwiebel, Tomaten, Trauben, Mandeln, Nüsse,	Kontrolliert die Schilddrüsenfunktion, wirkt gegen Nervenbeschwerden, ungenügende Herztätigkeit, wichtig beim Aufbau von Knochen und Zähnen, Bestandteil der Zellkerne, energiefördernd,
Kalium	Bananen, Orangen, Nüsse, grünes Blattgemüse, Milch, Bohnen, Vollkorn, Vollreis, Datteln, Melonen, Feigen, Pollen,	Reguliert die Spannung in den Körperzellen und die Erregbarkeit von Muskeln und Nerven, wichtig für eine gesunde Tätigkeit der Nebenierendrüsen, hält das Wassergleichgewicht aufrecht, wirkt gegen Verstopfung, Herzmuskelschwäche, niedrigen Blutdruck, Muskelerschlaffung, verminderte Harnausscheidung, Ödeme,

Mineralien	Natürliche Quellen	Wirkungsweise
Natrium	Tang, Salz, Sellerie, Milch, Getreide, Gemüse, Obst, Meersalz,	Unentbehrlich für die Leistungsfähigkeit der Nerven und Muskeln, hilft gegen Schwäche, verminderte Harnausscheidung, Nierenerkrankung, reguliert die Gewebespannung und die Balance des Wasserhaushalts in Blut und Gewebe,
Schwefel	Weizenkeime, Bohnen, Käse, Knoblauch, Eier, Kohl, Kresse, Zwiebeln, Rettich, Mandeln, Datteln, Pollen,	Wichtiger Bestandteil der Knochen, Zähne und Sehnen, sorgt für gesunde Nägel und volles Haar, unterstützt die Abwehrkräfte, wirkt gegen Leber- und Gallenstörungen, Dermatose, Arteriosklerose, Bluthochdruck, beeinflußt den Blutzuckerspiegel, ist am Eiweißaufbau und am Entgiftungsprozeß beteiligt,
Zink	Kürbiskerne, Bohnen, Linsen, Erbsen, Spinat, Hafer, Vollweizen, Gerste, Rote Bete, Kohl, Tomaten, Pfirsich, Orangen,	Reguliert und stimuliert die Geschlechtsdrüsen, notwendig für die Zellatmung, beeinflußt die Bauchspeicheldrüse, regt die Verdauungs- und Stoffwechselenzyme an, wirkt insulinaufbauend, Enzymbestandteil, gegen Wachstumsstörungen, Haarausfall und neurovegetative Störungen,
Selen	Bierhefe, Trinkwasser je nach Bodenbeschaffenheit, Pilze, Spargel, Hafer, Weizen, Sesamsamen, Knoblauch, Datteln, Eier,	Stimuliert das Immunsystem, gilt als antioxydisch und wird als Krebsverhütungsmittel angesehen.

Fit fürs Leben

Der erste Schritt zu einer gesunden Lebensweise sollte es sein, seine Essensgewohnheiten zu überdenken, Mängel zu erkennen und diese zu korrigieren.

Unsere Nahrung läßt sich in zwei Gruppen aufgliedern, nämlich in eine natürliche und damit lebendige und reaktionsfähige Kost und in eine chemisch-vorbehandelte und damit nicht mehr reaktionsfähige Kost.

Wenn unsere tägliche Ernährungsform also aus vitalstoffarmen Nahrungsmitteln besteht, dann ist damit auch der Grundstein zu ernährungsbedingten Krankheiten gelegt, wie z.B. Gicht, Diabetes, Arteriosklerose, Bandscheibenschäden, Gallen- und Nieren- sowie Leberleiden, Paradontose, Karies, aber auch Rheuma, Übergewicht und Cellulitis.

Beim »Fit fürs Leben«-Programm, das in Amerika entwickelt wurde, handelt es sich um keine Diät im herkömmlichen Sinn, sondern um eine Lebensweise, bei welcher man wieder in Einklang mit seinem Körper kommt und damit auf ganz natürliche Weise zu seinem Idealgewicht zurückfindet.

Bei dieser »Energiediät« zählt man keine Kalorien, sondern man ißt bewußt, d.h. man nimmt nur lebendige, natürliche Kost zu sich. Damit ändert sich schon nach wenigen Wochen das Allgemeinbefinden und die oft jahrelangen Gewichtsprobleme, denn der Körper ist in seiner Funktionsfähigkeit nicht mehr behindert und eingeschränkt. Eine gut funktionierende Verdauung und eine frische Haut ohne Akne und andere Hautunreinheiten sind die ganz natürlichen Folgen. Bei dieser »Energiediät« sind drei Dinge wesentlich:

* die Nahrungsaufnahme,
* die Verarbeitung,
* die Ausscheidung.

Die Nahrungsmittel werden in zwei Basisgruppen eingeteilt, nämlich in feste und in flüssige Nahrungsmittel.

Nudeln, Reis, Brot – gehören zu den festen, Salate, Gemüse, Obst, Obstsäfte – gehören zu den flüssigen Nahrungen. Das Geheimnis dieser Diät ist es, immer einen Teil der festen Nahrung mit einem Teil der flüssigen zu kombinieren.

(z.B. Salatteller mit Butterbrot, oder Nudelteller mit Gemüse, jedoch niemals Fleisch, Kartoffel, Gemüse, oder Fisch, Reis und Salat, denn dann hätte man zweimal fest und einmal flüssig gegessen.)

Flüssige Lebensmittel haben einen hohen Wassergehalt und helfen dem Körper damit, seine Schlacken schneller abzubauen.

Es ist dabei auch notwendig zu wissen, daß unser Körper einem natürlichen Rhythmus von dreimal 8 Stunden innerhalb eines 24-Stunden-Tages unterliegt.

Der Ausscheidungszyklus beginnt täglich um 4 Uhr morgens und dauert bis 12 Uhr mittags. In diesen 8 Stunden bemüht sich der Organismus, alle Gifte und Schlacken loszuwerden. Diese werden dann über die Blutbahn in 4 verschiedene Organe geleitet, nämlich in den Darm, die Nieren, die Lungen und die Haut.

Dieser Ausscheidungsrhythmus läuft täglich in diesem Zeitraum ab und bedeutet für unseren Körper einen erheblichen Energie- und Kraftaufwand, deshalb ist es nach den Regeln dieser Diätform undenkbar, morgens zwischen 4 und 12 Uhr ein umfangreiches Frühstück zu sich zu nehmen, weil das schwer und lange verdaut wird. »Es handelt sich um eines der schädlichsten Dinge, die man seinem Körper antun kann«, sagt H. Diamond, der Begründer dieser Energiediät.

Die alte Theorie »Frühstücke, wie ein Kaiser ...« ist damit überholt und neueren Erkenntnissen zum Opfer gefallen.

Anstatt sich also ein massives Frühstück zu vergönnen, ißt man bei dieser Diät nur das, was einen morgens leicht und schwerelos macht – Obst. Im Grunde genommen ist das die einzige Umstellung bei diesem Ernährungsprogramm, die ungewohnt erscheint.

Ein Frühstück aus vielen, frischen Obstsorten ist körpergerecht, weil es am ehesten unserem biologischen System entspricht. Es reinigt den Organismus von Schlackstoffen und Giften, da es den höchsten Anteil an Wasser besitzt. Außerdem sind im Obst sämtliche Vitamine, Mineralien, Kohlehydrate und Spurenelemente, die der Körper für sein optimales Funktionieren benötigt.

Reinigt man seinen Körper also morgens mit Obst, so ist er fähig, mit den nötigen Bausteinen und befreit von Schlakken, sein Energiepotential voll zum Einsatz zu bringen.

Beim traditionellen Frühstück braucht unser Körper einen ganzen Tag lang, um die anfallenden Ballaststoffe wieder loszuwerden. Das Obst verweilt nur kurz im Magen (20-30 Min.) und hat eine reinigende Wirkung auf den Darm. Allerdings sollte man es nicht mit anderen Nahrungsmitteln zusammen essen, weil es sonst im Darm zu faulen beginnt und der Ausscheidungsprozeß dadurch verlangsamt wird. Dann würde genau die gegenteilige Wirkung eintreten – der Darm wird belastet.

Bei der »Fit fürs Leben«-Diät sollte man weitgehendst auf Kaffee und Tee verzichten und statt dessen lieber Kräutertees, Säfte oder Mineralwasser ohne Kohlensäure zu sich nehmen, wobei man übrigens mindestens 8 Gläser pro Tag trinken sollte.

Nach 12 Uhr mittags beginnt unser Körper mit seinem Verarbeitungszyklus und daher sollte ihm jetzt Nahrung im richtigen Verhältnis zugeführt werden.

Die Varianten sind vielseitig, doch das entscheidende daran ist, daß man immer das Prinzip von fester und flüssiger Kost pro Mahlzeit und den Zeitpunkt, wann man das zu sich nimmt, beachtet.

Mit der Zeit stellt sich der Körper immer mehr auf diese gesunde Ernährungsweise um und wird immer unbeschwerter, gesünder und aktiver. Die Zusammenstellung der Nahrung ist im Grunde ganz einfach. Man kann Kartoffeln, Nudeln, Reis, Fisch oder Fleisch mit allen Gemüsesorten oder Salaten kombinieren, oder man kann sich bunte Salatteller nach Lust und Laune zubereiten und dazu leckere Soßen, Brot, Folienkartoffeln oder Nüsse essen.

Suppen sind ebenfalls in allen Varianten erlaubt.

Die Salate sollte man nicht mit Essig sondern mit Zitronensaft zubereiten, da dieser für den Magen bekömmlicher ist.

Obst sollte immer roh gegessen werden und man sollte 20 – 30 Minuten nach dem Obstgenuß warten, bevor man etwas anderes ißt, weil sonst der Vorteil der Leichtverdaulichkeit wegfällt.

Um diesen voll zu nutzen, muß rohes Obst immer auf leeren Magen und allein gegessen werden.

Falls man Obst auf nüchternen Magen nicht vertragen sollte, weist das darauf hin, daß der Magen bzw. die Darmflora nicht gesund ist. Hier muß vorher eine Heilbehandlung dieser Organe erfolgen.

Richtig: Omlette mit Salat, Gemüse mit Käse gratiniert, Kartoffeln mit Rahmspinat, ein Vollkorn-Sandwich mit Tomaten, Gurken, Zwiebeln usw.

Falsch: Steak mit pommes frites, Fisch mit Kartoffeln, Brot mit Wurst, Müsli mit Obst, Obstsalat mit Zucker, Obstkuchen, Früchte-Yoghurt, usw.

Ein gesteigertes Wohlbefinden, ungeahnte Vitalität und das Verschwinden vieler Beschwerden und oft sogar chronischer Krankheiten ist der Erfolg dieser Diätform nach dem altbewährten Motto: »Du bist – was du ißt!«

Natürliche Gesundheitsregeln beim Essen

Man sollte nur dann essen, wenn man hungrig ist und nicht aus Gewohnheit, oder als Ausweg für frustrierte Gefühle, Ärger oder Streß.

*

Essen Sie in Ruhe und vergessen Sie dabei nicht – die Augen essen mit. Damit stillt man auch das gefühlsmäßige Bedürfnis nach Nahrung. Wenn man seine Mahlzeit nämlich achtlos hinunterschlingt, kann das zu einer »Gefühlslücke« führen und damit gleichzeitig zu einem Verlangen nach noch mehr Nahrung.

*

Alle Nahrungsmittel sollten gleich nach der Zubereitung gegessen werden, weil warmgehaltene und wiederaufgewärmte Kost arm an wertvollen Nährstoffen ist.

*

Sich richtig ernähren heißt vor allem, täglich lebendige, frische, vitamin- und ballaststoffreiche Nahrung zu sich nehmen. Nutzen Sie die Heilkraft der Nahrung durch vollwertige Kost.

*

Man sollte möglichst alles meiden, was aus weißem Zucker und aus weißem Mehl zubereitet ist, weil dem Körper dadurch lebenswichtige Stoffe entzogen werden.

*

Statt Kaffee und schwarzen Tee im Übermaß sollte man Kräutertees und Mineralwasser ohne Kohlensäure zu sich nehmen. Damit wird die Nierentätigkeit unterstützt.

*

Man sollte möglichst alle kommerziell hergestellten Fertigprodukte vom Speisezettel streichen, weil viele chemische Zutaten beigemengt sind. Das bezieht sich auch auf sogenannte Diät-Nahrungsmittel, da diese chemische Süßstoffe enthalten.

*

Gemüse und Früchte sollten nicht zu lange gekocht werden, weil dadurch wertvolle Nährstoffe verlorengehen.

Ein Dampfkochtopf ist deshalb eine ausgezeichnete Investition!

*

Nehmen Sie keine zu heißen oder zu kalten Getränke zu sich, weil diese Entzündungen oder auch Muskelkrämpfe im Verdauungssystem verursachen können.

*

Essen Sie nicht, wenn Sie Schmerzen haben, aufgeregt oder erschöpft sind oder wenn Sie es eilig haben.

Wenn dem Körper in einer Situation Nahrung zugeführt wird, in der er nicht ruhig und für die Verdauung vorbereitet ist, kann das zu erheblichen Verdauungsstörungen, Kopfschmerzen und anderen Komplikationen führen. Der Körper braucht die Ruhe, um die Energie aufzubauen, die er für eine gute Verdauungstätigkeit benötigt.

*

Man kann seine Lebensprobleme zwar nicht durch eine besondere Ernährung beseitigen, aber man kann sich mit falscher Ernährung viele zusätzliche und unnötige Probleme schaffen.

*

Finden Sie heraus, was Ihr Körper benötigt, erfahren Sie mehr über den Nährwert und die Funktion der verschiedenen Nahrungsmittel und geben Sie ihm das, was er für ein gutes Funktionieren und damit für seine Gesundheit und sein Wohlbefinden benötigt.

Der Yin und Yang-Einfluß auf die Gesundheit

Wenn die beiden Energiepole Yin und Yang in einem guten Gleichgewicht stehen, dann bedeutet das Gesundheit, innere Harmonie, Schönheit und Wohlbefinden. Yin wird als passives, kühles, dunkles und aufnahmefähiges Element betrachtet. Die Yin-beherrschten Körperteile sind die Leber, die Milz, die Lungen und die Nieren. Yang wird als beruhigendes Element, als aktiv heilend, warm, hell und unabhängig betrachtet. Zu den Yang-beherrschten Körperteilen gehören der Darmtrakt, die Gallenblase, der Magen und die Blase.

Yin = Acidität, Kalium, ausdehnend (Zucker, süß, usw.)

Yang = Alkalität, Natrium, zusammenziehen (Salz, sauer, usw.)

Eine vernünftige Ernährung ist für ein ausgewogenes Gleichgewicht von Yin und Yang im Körper unerläßlich.

Eine naturheilkundliche Ernährungslehre ist die von einem japanischen Arzt entdeckte Makrobiotik. Sie verbindet

Althergebrachtes mit modernen Erkenntnissen und ist eine gut anwendbare Methode zur Wiedererlangung und Erhaltung der Gesundheit und des Wohlbefindens. Das Wort »Makrobiotik« stammt aus dem Griechischen.

»Makro« heißt »groß« und »biotik« verweist auf das, was Lebenskraft schenkt.

Es ist darunter also eine vollwertige, »große Lebenskraft«-gebende Ernährungsform zu verstehen, in welcher Nahrungsmittel so ausgewählt und zubereitet werden, daß dadurch das Gleichgewicht von **Yin-Yang** gefördert oder wiederhergestellt wird. Die Kunst der Makrobiotik ist es, so eng wie möglich mit der Natur zu leben, um die Grundlage für jede Heilung zu reaktivieren, die in einer ausgewogenen **Yin-Yang**-Polarität liegt.

Unser Körper mit allen seinen Zellen und unser Geist, sie unterliegen einem ständigen Wandel. Auch der Wechsel der Jahreszeiten bringt eine Auswirkung auf den Organismus mit sich.

Als ausgleichendes Element ist in den kalten Jahreszeiten mehr auf eine **Yang**-haltige Nahrung zu achten, während in der warmen Jahreszeit **Yin** bevorzugt werden sollte, um die innere Waage im Gleichgewicht zu halten.

Ungeschälter Reis ist das bekömmlichste und ausgewogenste Nahrungsmittel, das wir zur Verfügung haben, denn er beinhaltet das Geheimnis der makrobiotischen Heilkunst, welches besagt, daß für eine ausgewogene Mahlzeit das Mischungsverhältnis von Yin und Yang 5 : 1 betragen sollte; auf fünf Yin-Anteile kommt also ein Yang-Anteil. Ungeschälter Reis ist das einzige Nahrungsmittel, welches diesem heilsamen Erfolgsrezept gerecht wird, da er fünf Anteile Kalium (Yin) und einen Anteil Natrium (Yang) enthält. Ihm sollte bei einer gesundheitsbewußten Ernährung ein vorrangiger Platz eingeräumt werden. Bei allen Bemühungen um eine gesundheitsfördernde Ernährung ist es wichtig, sich nicht von Geboten und Verboten verunsichern zu lassen. Als bester Wegweiser dienen immer noch die eigenen Sinne, die als Ablehnung oder als Lust sich zu Wort melden und damit eine große Hilfe sind, wenn man auf sie hört.

Unser Leben ist voll von Gegensätzen und das ganze Geheimnis eines gesunden und glücklichen Lebens liegt in der harmonischen Ausgewogenheit und im weisen Gleichgewicht der Kontraste.

Gleichgewicht bedeutet Harmonie und Schönheit, Einheit bedeutet Frieden, also Kraft und Stärke.

Nahrungsmittel nach Yin und Yang

NAHRUNGSMITTEL	**Yin**-haltig	**Yang**-haltig
Gemüse	Paprika, Aubergine, Kartoffel, Gurke, Tomaten, Spargel, Artischocken, Erbsen, Bohnen, Spinat, Sellerie, Rotkohl, Grünkohl, Weißkohl, Blumenkohl, Kohlrabi, Fenchel, Linsen, Bambussprossen, Rote Rüben, Pilze,	Löwenzahnwurzeln, Karotten, Löwenzahnblätter, Lauch, Rettich, Radieschen, Kopfsalat, Feldsalat, Zwiebel, Knoblauch, Chikoree, Kürbis, Kresse,
Früchte	Feigen, Ananas, Papaya, Orange, Banane, Birne, Weintraube, Dattel, Pfirsich, Zitrone, Melone, Grapefruit, Mandeln, Walnüsse, Kokosnüsse, Paranüsse, Erdnüsse, Pinienkerne, Haselnüsse,	Kastanien, Äpfel, Kirschen, Aprikosen, Walderdbeeren, Erdbeeren, Preißelbeeren, Stachelbeeren, Johannisbeeren, Himbeeren,

NAHRUNGSMITTEL	**Yin**-haltig	**Yang**-haltig
Gewürze	Zitronenmelisse, Liebstökkel, Ysop, Curry, Paprika, Ingwer, Senf	Thymian, Majoran, Basilikum, Meerrettich, Estragon, Petersilie, Kerbel, Kümmel, Anis, Fenchel, Dill, Pfeffer- oder Bohnenkraut, Lorbeerblatt, Salbei, Wacholderbeeren, Kümmel, Salz, Pfeffer, Zimt,
Getreide	Roggen, Hafer, Gerste, Mais, Weizen,	Buchweizen, Hirse, Reis,
Öle – Fette	Margarine, Kokosfett, Palmfett, Erdnußöl, Olivenöl,	Sesamöl, Rapsöl, Sonnenblumenöl, Weizenkeimöl, Maisöl, Leinöl, Sojaöl, Mohnöl,
Milchprodukte	Butter, Sahne, Joghurt, Kefir, Molke, saure Milch, Buttermilch,	Ziegenkäse, Roquefort, Schweizerkäse, Camenbert, Molkenkäse, Quark,
Getränke	Kakao, Kaffee, gesüßte Getränke, Wein, Bier, Champagner, Russischer Tee, Mineralwasser, Quellwasser, Obstsaft,	Tee von bitteren und niedrigwachsenden Kräutern, Ginsengtee, Tee von Salbei, Beifuß, Thymian, Tausendguldenkraut, Birkenblättern, Hagebutten-Kamillen-Pfefferminztee,
Süßmittel	Zucker, Rohzucker, Sirup, Apfelkraut, Honig	
Behandlung der Lebensmittel	mit Yin aufladen durch: Abkühlen, Verdünnen mit Flüssigkeit oder wasserreichen Zutaten, Zusatz süßer oder saurer Stoffe, Würzen mit stark aromatischen Gewürzen oder Kräutern, Reiben, Raffeln, Mahlen, Gärung,	mit Yang aufladen durch: Wärmebehandlung – Kochen, Backen, Rösten, Trocknen an der Luft, Kurzdünsten, Salzen mit vollwertigem Meersalz, Würzen mit bitteren Kräutern, Kochen im Druckkochtopf, Lagerung, Reifen,

1 Tag für die innere Reinigung

Morgens: 1 Tasse Kräutertee mit Honig
Vormittags: 1 Glas frisch gepreßter Obstsaft
Mittags: 1 Glas frisch gepreßter Gemüsesaft, gewürzt mit Meersalz
Nachmittags: 1 Tasse Gemüsebrühe, gewürzt mit Meersalz
Abends: 1 Glas frisch gepreßter Gemüsesaft
Schlaftrunk: 1 Glas heiße Milch mit Honig

Obst- und Gemüsesäfte regen die Selbstreinigungskräfte des Körpers an und beseitigen jene Gift- und Abfallstoffe, die eine Gewebeerneuerung verhindern. Sie führen dem Körper wertvolle Minerale und Vitamine zu und das Zellgewebe kann das angebotene Kollagen und die Enzyme für die Selbsterneuerung verwerten.

Kräutertees erzeugen durch ihre schweißtreibende Wirkung ein heilsames Schwitzen, wobei die Gifte und Stoffwechselabfälle, die das innere Gleichgewicht stören, herausgeschwemmt werden. Das Fasten ermöglicht dem geschwächten Organismus sich auszuruhen und zu regenerieren. Dadurch wird er widerstandsfähig und leistungskräftig.

Ein makrobiotischer Diätplan

Zur Förderung der Lebensenergie und zum Abbau von Übergewicht:

Frühstück

1 Tasse Kräutertee mit Honig

1 Suppentasse natürlicher, brauner Reis, gesüßt mit 1 Eßlöffel Honig

Mittagessen

1 Teller Gemüsebrühe. Man verwendet dazu auch die grünen Teile des jeweiligen Gemüses (Karotte, Sellerie), die normalerweise weggeschnitten werden, weil darin viele wichtige Minerale enthalten sind, die zu einem gesunden Verdauungsprozeß verhelfen. Gewürzt wird mit Selleriesalz oder Kelp. Die Hauptmahlzeit besteht aus einer Mischung von Getreiden **(Yang)** und rohen Gemüsen **(Yin).** Salz ist nicht gestattet, weil das Kalium aus den Gemüsen ein verstärktes Yin- und das Natrium ein extremes Yang-Element darstellen. Salz würde also ein Übergewicht an Yang-Anteilen hervorrufen. Durch das Vermeiden von Salz hingegen kann Yang vermindert und Yin verstärkt werden, wodurch ein inneres Gleichgewicht entsteht.

Abends

1 Tasse Kräutertee mit Honig

Nach 2 Tagen dieser einfachen Kur kann man die Mahlzeit mit etwas gedünstetem Gemüse und etwas Obst ergänzen. Natürlicher brauner Reis wird während der ganzen Kur gegessen. Durch den Verdauungsprozeß dehnen sich die Reiskörner aus, was ein natürliches Völlegefühl fördert und den Appetit dadurch geringer hält, weil man sich angenehm gesättigt fühlt.

Kurdauer: 3 Wochen

Vorschläge zum Reisfasten

Reis mit rohen Früchten:
Essen Sie während eines ganzen Tages natürlichen, braunen Reis mit rohen Früchten der Jahreszeit. Sie können das Obst zum Reis mischen, aber es muß roh sein. Der Vorteil davon ist, daß die Enzyme des rohen Obstes auf die Vitamine, Proteine und Minerale im Reis eine positive Wirkung haben und die Blutreinigung fördern. Der Zellstoffwechsel wird dadurch erleichtert und die Harmonie von **Yin** und **Yang** gefördert.

Reis mit Obstsaft:
Essen Sie natürlichen, braunen Reis, aber kochen Sie ihn ohne Salz. Dazu trinken Sie zu jeder Mahlzeit frisch gepreßte Obstsäfte. Die natürlichen Kohlehydrate vom Reis verbinden sich mit dem wertvollen Fruchtzucker im Obstsaft, was den Verdauungstrakt entlastet und schnell die Vitalkräfte freisetzt.

Reis mit Gemüse:
Essen Sie während eines Tages Reis mit einer großen Auswahl roher Gemüse. Die Proteine im Reis verstärken sich mit den Proteinen im rohen Gemüse und vermischen sich mit ihnen während des Stoffwechselprozesses. Das fördert die Regeneration und verhindert Mängel, die Symptome nervöser Reizbarkeit hervorrufen können.

Reis mit Gemüsesaft:
Essen Sie natürlichen, braunen Reis, soviel Sie Appetit haben, aber bereiten Sie ihn ohne Salz und trinken Sie zu jeder Mahlzeit frisch gepreßte Gemüsesäfte.

Wenn die Säfte frisch gepreßt sind, liefern die grünen

Teile der Gemüse Vitamine und Nährstoffe, die von den Reisproteinen aufgenommen werden und eine alkalische Reaktion im Körper hervorrufen. Das schafft ein harmonisches Gleichgewicht von Säuren und Basen. Dadurch wird die Verdauung regelmäßiger, die Abwehrkräfte verstärkt, sowie der Herzrhythmus und der Blutdruck stabilisiert.

Reis mit Milch:

Essen Sie ungesalzenen, braunen Reis und trinken Sie zu jeder Mahlzeit frische, angenehm kühle, aber nicht zu kalte Milch.

Die Nährstoffe im Reis bilden mit denen in der Milch ein einzigartig ausgewogenes Gleichgewicht. Die Milch hat starke Aminosäuren im Isoleuzin und Lysin und diese werden durch die Reisproteine zusätzlich verstärkt, was ihre Aufbauwirkung kräftig fördert. Die Kombination von Reis und Milch steigert die Aufnahme von Eisen, da der Milchzucker durch andere vorhandene Nährstoffe in Milchsäure verwandelt wird.

Das schafft ein wunderbares Gleichgewicht im Körper.

Reis hat viele gute Eigenschaften:

Er ist leicht verdaulich, hat einen geringen Fasergehalt, wenig Fett, Cholesterin und Salz und ist reich an Mineralen. Natürlicher brauner Reis ist auch eine sehr gute, natürliche Quelle des Vitamin-B-Komplexes, der für die Erhaltung jugendlicher Energie und für die Ernährung der Haut und der Blutgefäße benötigt wird. Die Aminosäuren im Reis bilden elastische Muskeln, gesunde Haut, schönes Haar und bessere Sehkraft. Sie gehen in das Blut und in die Lymphe und ernähren das Herz, die Lungen, das Gehirn, die Drüsen, das Nervensystem und die Sehnen und Bänder.

Sein Kalziumgehalt hat eine beruhigende, entspannende Wirkung und dadurch wird Eisen freigesetzt, welches das

Blut bereichert. Phosphor und Kalium, die zusammen mit anderen Nährstoffen wirken, harmonisieren den Flüssigkeitshaushalt im Körper. Damit sind sie ein wichtiger Faktor für das Gleichgewicht von Yin und Yang.

Die Orientalen sagen: »Reis dient als »Göttliche Quelle«, mit der die innere Harmonie wiederhergestellt werden kann.«

Wenn Sie Reis kaufen, wählen Sie natürlichen, braunen Reis. Dieser enthält die ganzen, unpolierten Reiskörner, die eine ausgezeichnete Nährstoffquelle sind.

Übrigens:
Reis zu kochen, ist ganz einfach. Nehmen Sie 2 Tassen Wasser auf 1 Tasse Reis. Wenn das Wasser kocht, Topf zudecken und bei kleiner Hitze garkochen.

Gesundheitsregeln

In der kalten Jahreszeit (Yin) sollte man mehr Getreide, Gemüse und Fisch essen, in der warmen Jahreszeit (Yang) dagegen mehr Obst und Gemüse. Das schafft ein gesundes Gleichgewicht im Verdauungssystem und fördert eine optimale Anpassung an die jeweils herrschenden Temperaturen.

*

Alle Nahrungsmittel sollten so natürlich wie möglich sein. Chemisch behandelte, industriell aufbereitete und konservierte Nahrung sollte ganz vermieden werden. Jede Abweichung stört das innere Gleichgewicht und hat daher ungünstige Folgen.

*

Obst und Gemüse sollten biologisch-dynamisch sein. Nahrungsmittel die mit Kunstdünger oder scharfen Insektiziden behandelt wurden, sind gesundheitsschädigend.

*

Man sollte seine Speisen mild würzen, denn auch zu scharfe Gewürze stören das innere Gleichgewicht.

*

Alle Nahrungsmittel sollten zum Klima und zur Umgebung passen, in welcher man lebt, denn dadurch bleibt das feine Yin/Yang-Gleichgewicht am besten erhalten.

*

Unnatürliche Getränke (Kaffee, schwarze Tees, alkoholische Getränke) haben eine störende Wirkung auf das innere Gleichgewicht. Natürliche Kräutertees, gesüßt mit etwas Honig, beruhigen es.

*

Während der Mahlzeit sollte man keine Getränke zu sich nehmen, weil die Yin/Yang-Sekretion ihrer Wirksamkeit beraubt wird, wenn man sie durch Getränke verdünnt und dadurch die Aufnahme wichtiger Nährstoffe verringert.

Stattdessen sollte man nach der Mahlzeit lauwarme Getränke zu sich nehmen (z.B. Jasmintee), denn das beruhigt, fördert die innere Harmonie und ist wohltuend für das Verdauungssystem.

*

Man sollte seine Nahrung immer in Ruhe und Ausgeglichenheit zu sich nehmen, langsam essen und sorgfältig kauen.

*

12 Ratschläge und Rezepte zur Steigerung der Lebenskraft

Fit durch Knoblauch

Essen Sie viel Knoblauch! Er ist als allgemein entgiftendes Nahrungsmittel und als Hilfe zur Verbesserung des Herzrhythmus bekannt. Außerdem enthält er viele Wirkstoffe, die einen natürlichen, antibiotischen Nutzen haben. Knoblauch ist so programmiert, daß er schädliche Bakterien vernichtet und nützliche Bakterien nicht angreift.

Übrigens: 80 Experten aus aller Welt erklärten den Knoblauch als »die Heilpflanze des Jahres 1989«. Knoblauch vermindert das Risiko von Herzinfarkt, Schlaganfall und Gefäßstörungen.

Die große Heilkraft des Knoblauchs ist auf drei Inhaltsstoffe zurückzuführen: eine Jodverbindung, Kieselsäure und ein schwefelhaltiges Öl. Die Verbindung dieser Werkstoffe machen den Knoblauch zu einem wertvollen, natürlichen Allheilmittel. Um eine Knoblauchtinktur herzustellen, braucht man 3 Knollen Knoblauch und 1 Liter Branntwein.

Der Knoblauch wird geschält, kleingeschnitten und mit dem Branntwein angesetzt. Nun läßt man die luftdicht abgeschlossene Flasche 14 Tage lang an der Sonne stehen. Die Knoblauchtinktur braucht Wärme. Danach seiht man die Tinktur ab und füllt sie in ein gut verschließbares, dunkles Fläschchen. Man nimmt davon 3 x täglich je 10-20 Tropfen. Das ist auch ein hervorragendes Mittel gegen Schlaflosigkeit und Kopfschmerzen.

Keine Angst vor intensivem Mundgeruch, denn diesen kann man mit Chlorophyll-Dragees (erhältlich in den meisten Apotheken) wirkungsvoll entgegentreten. Dieser natürliche Wirkstoff bindet unangenehme Gerüche schon im Magen. Man nimmt 1 – 2 Dragees und schluckt sie unzerkaut.

Neue Energie durch Obst und Gemüse

Essen Sie reichlich biologisch angebautes Obst und Gemüse, denn es enthält viel Vitamin C, welches die Blutzusammensetzung beeinflußt und Arteriosklerose verhindert.

Alle in diesen Nahrungsmitteln enthaltenen Vitamine helfen bei der Beseitigung von Abfallstoffen, die das Absterben von Zellen verursachen und die Wirkung der vitalen Enzyme behindern. Die Vitamine helfen solche Abfallstoffe auszuschwemmen, erzeugen dadurch Energien und helfen dem Körper sich selbst zu erneuern.

Jungbrunnen Buttermilch

Trinken Sie täglich 2 Glas Buttermilch, denn das ist eine natürliche Milchsäurequelle, die großen Anteil am lebenserneuernden Stoffwechsel von Nährstoffen und Sauerstoff und an der Ausscheidung von Abfallstoffen hat. Ein Mangel an Milchsäure bedeutet, daß Zellen und Gewebe durch unlösliche Abfallstoffe oder Stoffwechselschlacken belastet werden und dadurch degenerieren. Eine Zelle, die einen Sauerstoffmangel aufweist, unterliegt verstärkt dem Alterungsprozeß. Die Milchsäure bietet gegen diese Alterungssymptome Widerstand.

Geistig vital durch Meersalz und Kelp

Meersalz oder Kelp (im Reformhaus erhältlich) sind eine gute Quelle von Jod, einem Mineral, welches die Schilddrüse anregt. Diese erzeugt daraus das Hormon Thyroxin, das großen Einfluß auf die körperliche und geistige Vitalität, auf den allgemeinen Stoffwechsel, aber auch auf die Haut hat. Jodmangel kann einen »ausgehungerten« Schilddrüsenzustand zur Folge haben, der zu reduzierten Körperaktivitäten wie Erschöpfung, Kältegefühl, schwachem Puls oder zu niedrigem Blutdruck führen kann. Kelp wird durch einen Prozeß, der das Wasser entzieht, aus Tang gewonnen. Neben Jod enthält Kelp auch ein speziell nützliches Kohlehydrat, das nicht den Blutzucker erhöht. Stattdessen hilft es beim Stoffwechsel der Proteine, der ungesättigten Fettsäuren und der vielen Vitamine und Minerale, so daß eine gute Assimilation möglich ist. (Nicht anwendbar bei Schilddrüsenüberfunktion!)

Englisches Gerstenwasser, ein königlicher Trunk

50 g Gerstenkörner werden in 2 Liter Wasser aufgekocht, dann deckt man den Topf zu und läßt diese Getreidebrühe etwa 1 Stunde leicht köcheln. Dann werden die Körner abgesiebt. Nun gibt man 1 Eßlöffel Honig und den Saft einer Zitrone in diese Abkochung und rührt das Getränk gut um. In den kalten Monaten schmeckt es heiß am besten. Im Sommer stellt man es kühl. Es ist eine köstliche Erfrischung und ein guter Durstlöscher.

Gerste ist wegen ihres günstigen Eiweiß-, Kohlehydrat-, Vitamin- und Mineralstoffgehalts sehr empfehlenswert.

Hervorragend ist ihr hoher Kaliumgehalt, der auf den Körper entwässernd wirkt. Gerste wirkt sich außerdem positiv auf den Kohlehydrat- und Energiestoffwechsel und auf Nerven und Haut aus. Man munkelt, daß Königin Elizabeth allmorgendlich ein Glas dieses Gerstenwassers zu sich nimmt – ein königlicher Trunk!

Energietrunk

Man nimmt 1 Glas frischen Gemüsesaft (aus Tomaten, Karotten, Sellerie, Rote Bete, Kartoffel, Kohl) und gibt 1/2 Teelöffel Meersalz oder Kelp-Pulver dazu. Das rührt man gut um und trinkt es jeden Morgen über eine längere Zeit hinweg. Dieser Trunk reinigt den Darm und verjüngt die Zellen und das Gewebe. Der Gehalt an Vitaminen, Mineralen und Enzymen ermuntert das Drüsensystem sofort und ist eine wahre »Energiespritze«.

Jugendelixier

Man nimmt 1 Glas frischen Tomatensaft und gibt 2 Eßlöffel Sesamöl und 1/2 Teelöffel Meersalz oder Kelp-Pulver dazu. Gut umrühren. Dieses Getränk nimmt man etwa 1 Stunde nach der Hauptmahlzeit zu sich. Die besondere Wirkung dabei ist, daß die Vitamine, Minerale, Enzyme und die ungesättigten Fettsäuren die Verdauung und Assimilation von Proteinen fördern und das Cholesterin während des Stoffwechsels verteilen.

Körperliche Reaktivierung

Man zerdrückt eine Banane und gibt dazu 1 Teelöffel Honig, 1 Prise Nelkenpulver, 1 Prise Ginsengpulver und ein Eigelb.

Diesen Brei ißt man täglich 3 Wochen lang vor der Hauptmahlzeit.

Steigerung der Lebenskraft

Man zerdrückt 1 Banane und gibt 1 geraspelte Karotte, den Saft von einer halben Zitrone, 1 Teelöffel Honig und 1 Prise Ingwerpulver dazu. Das ißt man vor dem Essen langsam und bedächtig.

Anregung der Lebensgeister

Man nimmt 1 Glas heiße Milch und rührt 1 Eigelb, 1 Teelöffel Honig, 1 Prise Muskatnußpulver und 1 Prise Ingwerpulver darunter. Das trinkt man gleich in kleinen Schlucken. Zusätzlich kann man noch etwas Orangensaft auf die Handflächen geben und damit sein Gesicht einreiben. Eine solche Behandlung stimuliert die Nervenaustrittspunkte und wirkt somit der Erschöpfung und Übermüdung entgegen.

Stärkung der Abwehrkräfte

Man nimmt den Saft von zwei Orangen und einer Grapefruit und gibt 1 Teelöffel Honig, 1 Prise Nelkenpulver und 1 Eßlöffel Kieselsäuregel (Silicea) dazu. Diesen Saft trinkt man täglich morgens vor dem Frühstück.

Innere Reinigung

Man zerdrückt eine Banane und gibt den Saft von einer Grapefruit, 1 Teelöffel Honig, 1 Prise Ginsengpulver, 1 Prise Nelkenpulver und 1 Prise Muskatnußpulver dazu. Diesen Bananenbrei ißt man 3 Wochen lang täglich vor den Mahlzeiten. Es ist eine sehr wirkungsvolle Hilfe zur inneren Entgiftung.

Anregung der Leistungskraft

innerlich
Man kocht 1/2 Tasse braunen Reis in 1 Liter Wasser. Wenn der Reis gar ist, seiht man das restliche Wasser ab. Nun nimmt man den Saft einer Orange und einer Grapefruit, gibt 1 Teelöffel Honig, 1 Prise Ingwerwurzel und 1 Prise Ginsengwurzel dazu und füllt diesen Saft mit dem vorbereiteten Reiswasser auf.

Dieses Getränk nimmt man täglich vor dem Essen über einen Zeitraum von 3 Wochen zu sich. Es hat eine stark verjüngende und anregende Wirkung auf den gesamten Organismus und ist auch ein Aphrodisiakum.

äußerlich
Man nimmt den Brei einer Banane und gibt den Saft einer Orange, 1 Prise Ginsengpulver, 1 Prise Oregano und 1 Prise Salbeiblätter dazu, die man zwischen den Fingern zerreibt. Mit diesem Brei macht man einen Umschlag auf das Sonnengeflecht (Solarplexus) und läßt ihn 1 Stunde einwirken. Durch diese Hilfe von außen wird dem Körper heilsame und regenerierende Energie zugeführt.

Harmonisierende Farben:
Zusätzlich kann man noch im Kreuzbereich eine Rotlichtbestrahlung vornehmen (täglich eine halbe Stunde).

Die rote Farbenergie wirkt hier anregend, durchblutend, schwächeausgleichend und energiefördernd.

Harmonisierende Edelsteine:
Der Verdit und der Padparadscha (oranger Saphir) gelten bei Leistungsschwäche und Unfruchtbarkeit als harmonisierende Energieregler.

Natürliche Potenzmittel

* Knoblauch ist ein bewährtes Mittel zur Anregung der Vitalkraft. Man nimmt täglich eine Knoblauchzehe, die man vorher in Honig taucht.
* Sellerie gilt schon seit Jahrtausenden als potenzsteigerndes Mittel, was moderne Forschungsergebnisse bestätigen.
* Die Banane liefert dem Körper die Hormone Serotonin und Noradrenalin, sowie wertvolle Vitamine der B-Gruppe, was eine beachtliche Wirkung auf die körperliche Kraft hat.
* Die Petersilie ist ein altbewährtes Potenzmittel. Sie muß frisch geerntet sein und langsam zerkaut werden.
* Das vielgelobte Vitamin E in Weizenkeimen regt die Sexualität an.
* Ginseng wirkt sich außerordentlich günstig auf die männlichen Sexualdrüsen aus.
* Kürbiskerne wirken Potenzproblemen entgegen.
* Salbeitee und Brennesselsaft werden ebenfalls als potenzfördernde, hilfreiche Mittel angesehen.

Das sind sehr wirkungsvolle Hilfen der Natur, die man sorglos anwenden kann, um seine Kräfte wieder aufzubauen oder zu erhalten.

Für alle Fälle – heilbringende Ratschläge und Rezepturen

Nervenanspannung – Depression

innerlich
Man zerdrückt eine Banane und gibt dazu den Saft einer Orange, einer 1/2 Zitrone, 1 Eßlöffel Honig und 1 Prise Ginsengpulver. Diesen Brei ißt man ganz langsam.

*

Man nimmt den Saft einer Grapefruit und einer Orange und gibt dazu 1 Eßlöffel Honig, 1 Prise Ginsengpulver und 1 Prise Salbeiblätter, die man zwischen den Fingern zerreibt. Langsam trinken.

**

äußerlich
Man nimmt eine Banane, zerdrückt sie und gibt 1 Eßlöffel Honig, 1 Prise Muskatnußpulver, 1 Prise Ginsengpulver, 1 Prise Nelkenpulver, sowie 1 Teelöffel reinen Alkohol dazu.

Damit macht man einen Umschlag auf das Sonnengeflecht und läßt diesen 1 Stunde einwirken.

Durch den hohen Magnesium- und Kalziumgehalt der Banane wird hier eine außerordentlich beruhigende Wirkung auf die Nerven erzielt.

Harmonisierende Farben:
Die ausgleichende Farbe bei Depressionen ist Orange. Aber auch die gelbe Farbschwingung hat einen anregenden, positiven Effekt auf die Nerven und stärkt diese. Man bestrahlt täglich 20 Minuten.

Bei Depressionen sollte man auch sehr darauf achten, helle Kleidung vorzugsweise in gelber oder oranger Farbe zu tragen. Ebenso wichtig ist eine leichte Kost, mit viel Obst und Gemüse. Gelbe, orange und rote Nahrung ist auch sehr hilfreich, weil sie anregend wirkt.

Harmonisierende Edelsteine:
Nervenstärkend: Dolomit, Jade, Lapislazuli, Saphir, Jadeit.
Gegen Depressionen: Spinell, Dolomit, Selenit, Rhodochrosit, Bowenit. Der Peridot ist ein beruhigender Edelstein, während Diamant und Zitrin sehr stark gegen negative Gedanken und Schwingungen wirksam sind.

Die Harmonisierungspunkte, die man bei Depressionen zusätzlich stimulieren kann, liegen an der Innenseite beider Ringfinger, am unteren Teil des Fingernagels.

Schlafstörungen

Man nimmt den Saft einer Grapefruit und einer Orange und gibt 1 Teelöffel Honig, 1 Prise Ginsengpulver und 1 Prise Ingwerpulver dazu.

Das trinkt man 1/2 Stunde vor dem Schlafengehen ganz langsam.

*

Man nimmt ein Glas heiße Milch und gibt 2 Teelöffel Honig und 1 Prise Nelkenpulver dazu.

Das trinkt man 1/2 Stunde vor dem Schlafengehen ganz langsam. Nelkenpulver besitzt eine stark beruhigende Wirkung!

*

Man erwärmt ein wenig Sesamöl und gibt 1 Prise Ginsengpulver und 1 Prise Nelkenpulver dazu.

Nun massiert man damit leicht die Schläfen, die beiden Ohrläppchen und die Fußsohlen.

Harmonisierende Farben:
Bei Schlafstörungen ist Blau die beruhigende Farbschwingung. Man kann sich ein blaues Licht auf den Nachttisch stellen, um damit eine schlaffördernde Wirkung zu erzielen.

Aber auch Grün, die Farbe des Herz-Chakras, hat eine beruhigende, ausgleichende Funktion.

Es bleibt also dem eigenen Empfinden überlassen, welche der beiden Farbenergien man bevorzugt.

Harmonisierende Edelsteine:
Eine beruhigende Wirkung auf das Nervensystem haben Fluorit, Topas, Hyazinth, Bowenit, Smaragd, Jade und Jadeit.

Schlaffördernd wirken Lapislazuli, Amethyst, Saphir und Turmalin.

Auch der Karneol hat eine gute Wirkung gegen Schlaflosigkeit.

Genickschmerzen

Man erwärmt 1 Tasse Milch und gibt 1 Eßlöffel Honig, 1 Prise Ginsengpulver und ein paar Tropfen Leinöl dazu.

Damit macht man eine sehr warme (rote) Kompresse am Nacken und läßt sie 1 Stunde einwirken.

Rote Farbschwingungen wirken hier zusätzlich durchblutungsfördernd und schmerzlindernd.

Gliederschmerzen

Man bereitet sich ein sehr warmes Bad und fügt diesem 5 Tassen Meersalz, 5 Eßlöffel Ingwerpulver und eine gute Portion Honig zu. Darin badet man 20-30 Minuten.

Muskelkater

Man nimmt den Saft einer halben Grapefruit oder einer halben Orange und gibt 1 Prise Ginsengpulver und 2 Tropfen japanisches Heilpflanzenöl dazu. Damit reibt man die befallenen Stellen mehrmals täglich gut ein.

Rheumatische Beschwerden

Man nimmt etwas Sesamöl und gibt 1 Prise Ginsengpulver dazu. Damit reibt man die schmerzenden Stellen bei Bedarf gut ein. Die Heilwirkung von Ginseng bei Rheuma ist darauf zurückzuführen, daß er den gesunden Fluß der Körpersäfte stimuliert und Säure neutralisiert, welche in den Nervenmembranen des Körpers und der Gelenke fließt und diejenigen entzündlichen Zustände verursacht, die mit rheumatischen Beschwerden einhergehen.

Eine regelmäßige Einnahme von Ginsengtee ist hier besonders zu empfehlen. (Man bekommt Ginsengtee als Granulat im Reformhaus.) Man nimmt davon 3 Mal täglich eine Tasse.

Harmonisierende Farben:
In akuten Fällen kann man mit Blaulichtbestrahlungen, mehrmals täglich 15 – 20 Minuten, eine gute Hilfe erzielen.

Bei chronischen Fällen wirkt Orange als harmonisierende Farbenergie. Man bestrahlt das Sonnengeflecht täglich ca. 20 Minuten mit Orange.

Harmonisierende Edelsteine:
Sehr wirkungsvoll sind hier Granat, Karneol, Bergkristall, Malachit, Azurit und Chrysokoll.

Das Kreislauf-System

Das Kreislauf-System transportiert Blut und Lymphe, eine Flüssigkeit, die der Produktion der weißen Blutkörperchen im ganzen Körper dient. Während dieses Prozesses befördert es Sauerstoff und Nährstoffe zu allen Körperzellen, beseitigt Schlackstoffe, schützt den Körper vor Krankheiten, hilft ihm bei der Wärmeregulierung und gibt ihm Energie.

Eine kreisförmige Anordnung von Arterien, Venen und Kapillargefäßen versorgt alle Körperteile mit Blut. Der Ausgangspunkt ist das Herz. Durch die Venen gelangt das Blut zum Herzen und durch die Arterien wieder hinaus. Durch das Zusammenziehen seiner Muskelwände pumpt das Herz sauerstoffhaltiges Blut aus der linken Herzkammer hinaus, von dort weiter in die Aorta, von wo aus andere Arterien sich in den Körper verzweigen, um schließlich in die Venen zu münden. Diese Venen vereinigen sich zur unteren Hohlvene und zur oberen Hohlvene, die sauerstoffarmes Blut aus Rumpf, Beinen, Kopf, Nacken und Armen in den rechten Herzvorhof zurückbringen. Durch das Zusammenziehen der rechten Herzkammer wird das Blut sodann weiter in die Lungenarterien gepreßt, die es zu den Lungen hin und von ihnen weg befördern. In den Lungen wird das Blut von Kohlendioxyd befreit und mit Sauerstoff angereichert. Das sauerstoffhaltige Blut fließt sodann durch die Lungenvenen zum linken Herzvorhof, von dort weiter in die linke Herzkammer, die es dann wieder in die Aorta preßt – und von dort fängt alles wieder von vorne an.

Die Lymphe ist eine leicht gelbliche Flüssigkeit und dient der Produktion der weißen Blutkörperchen, die wiederum das Immunsystem stärken und Krankheiten bekämpfen.

Lymphknoten finden sich im ganzen Körper. Sie dienen als Filter, um besonders die Bakterien davon abzuhalten, in die Blutbahn zu gelangen.

Die Fortbewegung der Lymphflüssigkeit hängt von der Muskelkontraktion ab. Bei Funktionsstörungen wird hier die manuelle Lymphdrainage als unterstützende Therapie eingesetzt.

Vorteil der Lymphdrainage:

* sie fördert den Blutkreislauf,
* sie verstärkt die Sauerstoff- und Nährstoffzufuhr der Zellen im ganzen Körper,
* sie ist eine Entlastung des Herzens, indem sie dazu beiträgt, diesem Organ verstärkt Blut zuzuführen,
* sie treibt die Lymphflüssigkeit durch den Körper voran, wodurch die Abwehrkräfte gestärkt und Giftstoffe beseitigt werden.

Herz- und Kreislauferkrankungen sind laut Statistik die häufigsten Todesursachen in den westlichen Industrieländern.

Eine Anzahl von schwerwiegenden Belastungen, wie Streß, falsche Ernährung, mangelnde Sauerstoffversorgung und schädliche Lebensgewohnheiten sind die häufigsten Risikofaktoren für diese Krankheit. Ein Mangel an menschlicher Zuwendung und Geborgenheit begünstigen Herz- und Kreislauferkrankungen sehr.

Ein niedriger Blutdruck ist, aus geistig-seelischer Sicht betrachtet, die Folge davon, daß man die Tendenz hat, sich Problemen nicht stellen zu wollen und ihnen ausweicht.

Ein Mensch mit Bluthochdruck ist dagegen ständig unter Druck, Erfolgszwang und setzt sich starker Selbstkritik aus. Er weicht Konflikten durch übertriebene Aktivität und durch ständiges Beschäftigtsein aus. Bluthochdruck ist ein großer Risikofaktor für einen Herzinfarkt.

Menschen, die unter einer Spannung der Herzregion leiden, können nach außen hin keine Gefühle zeigen. Sie haben einen »Schutzwall« um sich herum aufgebaut, was jedoch zur Folge hat, daß Gefühle der Zuneigung und Fürsorge von ihnen auch nicht angenommen werden können. Es fällt ihnen schwer, jemandem ihr Herz zu öffnen oder in ihr Herz zu schließen.

Bei Herz- und Kreislauferkrankungen sollte man sich folgendes fragen:

* Warum verschließe ich mich vor meinen Mitmenschen?
* Welchen Problemen möchte ich mich entziehen, ohne sie zu erkennen und zu verarbeiten?
* Welche Enttäuschungen haben mich zu meiner abweisenden Haltung bewogen? Wie kann ich sie bewältigen, um sie zu vergessen?

Positive Autosuggestionen:

Es gibt eine richtige Antwort auf jedes Problem. Es gibt eine richtige Lösung für jede Situation.

Göttliche Liebe wirkt jetzt in meinem Leben auf vollkommene Art und Weise und ich strahle sie bewußt und freudig auf meine Mitmenschen aus. Alles und jedes bringt mir jetzt Glück, Erfolg und Gesundheit.

Harmonisierende Farben: Grün ist hier die Heilfarbe, die ausgleichend, harmonisierend und stabilisierend auf das Kreislaufsystem wirkt.

Harmonisierende Edelsteine:
Niedriger Blutdruck: Rubin, Rubellit, Turmalin, Rhodochrosit, Smaragd, Türkis,
Bluthochdruck: Lapislazuli, Jadeit, Jade, Chrysopras,
Kreislauf: Rubin, Heliotrop, Amethyst,

Kreislaufbeschwerden

Man nimmt 1 Glas sehr warme Milch und rührt ein Eigelb, 1 Eßlöffel Honig, 1 Prise Muskatnußpulver und 1 Eßlöffel geriebene Mandeln dazu.

Dieses Getränk erwärmt man dann noch einmal kurz im Wasserbad und trinkt es ganz langsam. Möglichst 1/2 Stunde Bettruhe einlegen.

Bei einem plötzlichen Kreislaufkollaps ist es sehr hilfreich, sich so hinzusetzen, daß der Oberkörper nach vorne gebeugt ist und der Kopf hinunterhängt. Dabei tief atmen.

Damit kommt man meistens bald wieder auf die Beine!

Niedriger Blutdruck

Man nimmt den Saft einer Grapefruit, einer Orange und 1 Eßlöffel Honig. Nun gibt man 1/2 Tasse starken, schwarzen Kaffee dazu. Langsam trinken. Tief atmen!

Eine gute zusätzliche Hilfe bei plötzlicher Kreislaufschwäche ist die Stimulierung der Harmonisierungspunkte an den Händen. Sie liegen an der Innenseite des kleinen Fingers, am unteren Teil des Fingernagels. (Sehr hilfreich ist dabei der Rubin oder Turmalin.)

Hoher Blutdruck
Man zerdrückt eine Banane zu Brei und gibt den Saft einer Orange, 1 Prise Nelkenpulver, 1 Prise Ginsengpulver und 1 Teelöffel Honig dazu. Diesen Brei ißt man 2 Mal täglich vor der Mahlzeit.

*

Ginseng ist ein hervorragendes Heilmittel, welches das verlorengegangene Gleichgewicht, das sich in einem zu hohen oder zu niedrigen Blutdruck verdeutlicht, wiederherstellt.

Sehr empfehlenswert ist daher Ginsengtee (Granulat ist im Reformhaus erhältlich), den man 3 Mal täglich zusätzlich trinken sollte.

Der Darm

Da die Darmschädigung die häufigste Ursache der Verunreinigung des Blutes darstellt, ist die Gesundheit des Darms tatsächlich unsere natürlichste und beste Gesundheitsvorsorge und unsere wirkungsvollste Kosmetik. Der Zusammenhang zwischen Darmgiften und Hautveränderungen, wie Falten, unreiner Teint, Alters-Pigmentflecken oder auch vielen Hauterkrankungen wie Akne, Furunkel, Ausschläge oder Ekzeme ist erwiesen.

Eine Rückbildung oder ein Schwinden dieser Schädigungszeichen kann durch eine Entgiftung und Verbesserung der Darmfunktion erzielt werden.

Eine schöne, gesunde Haut ist rosig, samtig, glatt und prall elastisch. Gifte verschiedenster Art wie z.B. Sucht-, Übermüdungs- oder Darmgifte, verändern bei chronischer Einwirkung die Haut. Sie sind es also, die den Menschen krank, unschön und vorzeitig alt machen.

Im Volksmund heißt es: »Der Tod sitzt im Darm«.

Das ist sehr zutreffend, denn im trägen Darm entstehen Zersetzungsgifte, da die Weiterbeförderung und Vermischung des Nahrungsbreies mit verdauenden und fäulnisverhütenden Sekreten gestört ist, wodurch sich dann aus der Nahrung Gärprodukte, wie Alkohol und hochgiftige Fäulnisstoffe im Darm bilden.

Diese Gifte gehen nicht restlos mit dem Stuhl ab, sondern treten teilweise ins Blut über. Ist die Giftmenge sehr groß oder das Entgiftungsorgan des Körpers, die Leber, selbst geschädigt, wie das z.B. bei chronischer Darmträgheit oft der Fall ist, so durchbrechen die Gifte die reinigenden Schranken der Leber und überfluten den ganzen Organismus.

Die Folgen davon sind Beeinträchtigung des Allgemeinbefindens, Arbeitsunlust, Mißmut, Nervosität, übler Körper- und Mundgeruch, Rücken- und Kreuzschmerzen, Schlafstörungen, Kopfschmerzen, Herzbeschwerden, Atemnot, Gefäßkrämpfe mit ständig kalten Händen und Füßen, Schwindelgefühl, Erschöpfungszustände bereits morgens nach dem Aufstehen, starkes Schwitzen, Migräne.

Das alles sind Symptome, die oftmals im Darm ihren Ursprung haben. Die Folgen dieser Selbstvergiftung bestehen in einer Schädigung aller Körperzellen und -organe, wobei Sinnesorgane, Nerven, Gefäße und Hormondrüsen besonders empfindlich reagieren.

Wenn der Darm also seine Aufgabe, das Blut zu reinigen, nur ungenügend erfüllt, so führt dies zu einem Rückstau von Stoffwechselabfällen im Körper.

Um diese Giftstoffe auszuschalten und um die lebenswichtigen Organe davor zu schützen, werden die gestauten Schlacken rasch in relativ weniger wichtige Gewebe, wie im Fett- und Bindegewebe (Cellulitis), in Sehnen, Kapseln oder Muskeln abgelagert.

Bei fortschreitender Verschlackung werden dann schließlich alle Organe in Mitleidenschaft gezogen.

Weil sich diese Selbstvergiftung auf den ganzen Körper erstreckt, so bleiben auch jene Teile des Nervensystems, welche als organische Grundlage dem physischen Körper die Vorgänge des höheren Seelenlebens übermitteln, nicht unbeeinflußt.

Werden diese nervlich-vegetativen »Vermittlungsorgane« durch Gifte geschädigt, dann können höhere, seelische Regungen und Empfindungen nur erschwert zu den Hirnzentren gelangen, die das physische Bewußtsein steuern.

Die Folge davon ist dann oftmals ein verstärkter Egoismus und übersteigerter Materialismus, seelische Verflachung, Rücksichtslosigkeit, sowie asoziales Denken und Handeln.

Zwangsläufig bestehen auch Zusammenhänge zwischen Darmträgheit, Leistungsstörungen des Gehirns und Gemütsstörungen wie Depression, Trübsinn, Gereiztheit, was auf eine Stoffwechselstörung des Gehirns zurückgeführt werden kann.

Daher wird auch bei allen Religionen seit urdenklichen Zeiten das Fasten gepflegt und befürwortet.

Das Heilfasten bewirkt eine Schonung und Erholung des Verdauungsapparates, säubert und entgiftet den Organismus von Stoffwechselschlacken und mobilisiert seine Heilkräfte zur Beseitigung krankhafter Zustände. Außerdem ist das Heilfasten **die** Vorbeugungsmethode schlechthin, die den Ausbruch vieler Leiden verhindern und das Allgemeinbefinden verbessern kann.

Das Heilfasten ist jedoch vom Hungern grundsätzlich zu unterscheiden!

Das Hungern bedeutet nämlich eine für den Körper schädliche Unterversorgung mit lebenswichtigen Nährstoffen, die für sein einwandfreies Funktionieren notwendig sind.

Heilfasten ist dagegen eine freiwillige, vom Verstand geleitete Nahrungsbeschränkung, die notwendig geworden ist, um seine Gesundheit wiederzuerlangen, grundlegend zu verbessern oder zu erhalten.

Bei dieser Einstellung kommt es zu keiner schädlichen Unterversorgung mit lebenswichtigen Nährstoffen, sondern zu einer sinnvollen und heilsamen Schonung und Entgiftung des Körpers.

Heute wissen wir, daß Heilfasten folgendes bewirkt:

* Es fördert die Stoffwechseltätigkeit, was eine Auflösung der Abfallprodukte des Körpers bedeutet.
* Es befreit von inneren Stoffwechselblockaden, so daß die Körperzellen die Vitalstoffe verwerten können, die ihnen während der Kur zugeführt werden.

Nach einer solchen Selbstreinigungskur arbeiten die verschiedenen Organe wie Haut, Nieren, Lungen, Leber und Herz energievoller und werden besser ernährt, wenn die Abfallstoffe beseitigt sind. Körperzellen und Gewebe brauchen eine ausreichende Ernährung für ihre Funktionsfähigkeit und ihre Verjüngung.

Wird die Nahrungsaufnahme für eine längere Zeit eingeschränkt, so werden die Zellen gezwungen, diese Ablagerungsstoffe als ihre einzige Nahrungsquelle heranzuziehen, die dann vom Körper ausgeschieden werden können.

Dadurch entsteht der Prozeß der Verdauung oder Selbstabstoßung von giftigen Abfallstoffen und das gereinigte

Gewebe der Leber und anderer Organe wird regeneriert. Der Organismus muß aber erst gereinigt und von Giften befreit werden, bevor er regenerieren kann.

Symbolisch gesehen haben Verdauungsorgane, die erkrankt sind immer damit zu tun, daß der betreffende Mensch sein Leben nicht richtig »verdauen« kann. Das entspricht sowohl den physischen als auch den psychischen Verdauungsvorgängen.

Krankheiten in diesen Bereichen weisen also immer auf Störungen in der Verarbeitung der persönlichen Lebenssituation hin.

Der Dickdarm hat eine direkte Beziehung zum Unterbewußtsein. Seelisch-geistig gesehen bedeutet Verstopfung ein Stau seelischer Eindrücke. Man will am Überholten festhalten, kann seine Gefühle nicht äußern und geizt mit ihnen, kann nicht geben und ist nicht in der Lage, von Vergangenem Abstand zu gewinnen und dieses geistig »loszulassen«.

Der natürliche Fluß, der die Lebensenergie mit sich führt, gerät ins Stocken und kommt schließlich zum Stillstand.

Hier sollten in erster Linie die Lebensumstände überdacht und mit einem »Großreinemachen« begonnen werden.

Dinge die man verdrängt hat, unverarbeitete Eindrücke, die Ängste verursacht haben, Gefühle die Blockaden errichtet haben – all das sollte man versuchen in Gang zu bringen und auszuräumen.

Sie dürfen nicht weiterhin unterdrückt werden, denn damit verschlimmert sich der Allgemeinzustand immer tiefgreifender.

Der Dünndarm hat eine direkte Beziehung zum Bewußtsein, zum Verstand, zur Logik.

Beschwerden im Dünndarm verdeutlichen, daß zuviel analysiert, detailiert und kritisiert wird.

Wer so denkt, hat oftmals auch große Existenzangst oder Lebenskrisen, die ihm ein überkritisches Verhalten als Folge davon vermittelt haben. Der Durchfall ist eine Überreaktion des Dünndarms und ein Zeichen dafür, daß man sich mit den Umständen differenzierter und umfassender auseinandersetzen sollte, um sie richtig verarbeiten und verwerten zu können.

Bei Darmträgheit ist es besonders wichtig, langsam zu essen und gut zu kauen. Tabak, Alkohol und Schokolade sollten unbedingt gemieden werden, da sie eine starke, zusätzliche Belastung für die gestörten Darmfunktionen darstellen.

Als Ursache für das Nachlassen der Darmfunktion ist in vielen Fällen auch der geringe Ballaststoffanteil in der Nahrung verantwortlich. Ballaststoffe die vor allem im Gemüse und Obst, Getreide und Nüssen vorhanden sind, quellen im Darm stark auf, saugen Giftstoffe ein und regen die Entwicklung von Bakterien an, die für eine gesunde Verdauung benötigt werden.

Folgende Gemüse- und Obstsorten sind bei Darmträgheit besonders zu empfehlen: Porree, Karotten, Auberginen, Spargel, Zucchini, Kürbis, Endiviensalat, Chicoree, Löwenzahnsalat, Kohl, Zwiebel, Äpfel, Birnen, Erdbeeren, Himbeeren, Kirschen, Orangen, Grapefruit, Weintrauben, Pflaumen, Pfirsiche und Melonen.

Anstelle von Weißbrot sollte man lieber auf Vollkornbrot und auf Naturheilmittel wie Kleie und Leinsamen zurückgreifen.

Bei Durchfall ist schwarzer, ungesüßter Tee eine sehr schnell wirksame Hilfe.

Bei Darmproblemen sollte man sich folgendes fragen:

* Was kann ich nicht unbeschwert »verdauen«?

* Welche Probleme aus der Vergangenheit lassen mich nicht los?
* Welche Aggressionen und Probleme müssen bereinigt werden?
* Was muß ich loslassen, ausräumen, um meine innere Blockade aufzulösen?
* Wo bin ich überkritisch, unverträglich, intolerant?
* Welchem Problem sollte ich mich stellen? Womit sollte ich mich gründlicher auseinandersetzen, um es richtig verarbeiten zu können?

Positive Autosuggestion:
Vollkommene Harmonie liegt nur in einem ständigen Austausch von Geben und Nehmen.

Wenn ich nicht freiwillig gebe, dann wird mir etwas genommen werden. Ich vergebe jedem, dem ich in meiner Vergangenheit und Gegenwart etwas zu vergeben habe. Ich bin frei und sie sind frei.

Alles ist nun bereinigt – jetzt und für immer.

Göttliche Ordnung und Harmonie werden jetzt in mir belebt, Spannungen und Blockaden lösen sich und vollkommene Gesundheit an Körper, Geist und Seele wird wiederhergestellt. Ich vertraue mich meiner inneren Führung an und weiß, daß ich richtig geführt und geleitet werde.

Harmonisierende Farben:
Bei Durchfall bestrahlt man mit Blaulicht. Bei Verstopfung stimuliert Gelb am besten. Viel gelbe Nahrung (Banane, Zitrone, Grapefruit) essen!

Harmonisierende Edelsteine:
Gelber Jaspis, Katzenauge, Bergkristall, Hämatit, Opal und

Peridot haben eine harmonisierende Wirkung auf die Darmfunktion.

Durchfall

Man reibt einen halben (ungespritzten) Apfel mit der Schale und gibt den Brei einer halben Banane, 1 Prise Nelkenpulver und 1 Prise Muskatnußpulver dazu.

Diesen Brei ißt man ganz langsam und kaut ihn gut, um damit den Speichelfluß anzuregen.

*

Man kocht 1/4 Tasse natürliche Perlgraupen in 2 Liter Wasser. Wenn das Wasser auf die Hälfte verkocht ist, gießt man es ab und gibt 1 Eßlöffel Honig und 1 Prise Muskatnußpulver dazu.

Nun trinkt man dieses Getränk in kleinen Schlucken.

Es hat eine schleimerzeugende, lindernde Wirkung, was sich beruhigend und heilend auf das Verdauungssystem auswirkt.

Darmträgheit

Man nimmt den Brei einer Banane und gibt den Saft einer Orange, 1 Teelöffel Honig und 1 Prise Nelkenpulver dazu.

Das nimmt man längere Zeit hindurch täglich vor dem Schlafengehen zu sich, um am nächsten Morgen damit eine Wirkung zu erzielen.

*

Man bringt 1/4 Liter Wasser zum Kochen und gibt dann eine Handvoll Blaubeerblätter und drei ganze Gewürznelken hinein, läßt das 10 Minuten zugedeckt ziehen, seiht danach ab und süßt diesen Tee mit 1 Teelöffel Honig. Bei akuten Verdauungsbeschwerden trinkt man von diesem Tee täglich 3 Tassen.

Die Blaubeerblätter haben einen großen Heileffekt auf den Darm, da ihre Blätter im gedämpften Zustand die Substanz Myrtillin abgeben, welche verdauungsanregend wirkt.

Aber auch die Blaubeeren selbst sind sehr wirkungsvoll, denn sie enthalten Kalzium, Phosphor, Eisen und Mangan. Das wirkt als Katalysator innerhalb des Verdauungskreislaufes und unterstützt damit die Verdauungsorgane bei ihrer Arbeit.

Der Magen

Die Aufgabe des Magens ist die Aufnahme, Verarbeitung und Weiterbeförderung der Nahrung.

Zu einem harmonischen Leben braucht man aber nicht nur stoffliche Nahrung, sondern auch geistig-seelische.

Im Magen liegt die Geisteskraft der Beurteilung.

Wenn man ein Problem also geistig nicht beurteilen und verkraften kann, so muß das der Magen bewältigen.

Eine geistige Übersättigung wirkt sich auf körperlicher Ebene im Magen aus.

»Es hat sich mir etwas auf den Magen geschlagen« ist ein Ausdruck für eine unverdauliche Konfliktsituation, auf welche der Magen sofort mit einem schmerzhaften Druckgefühl reagiert.

Magenerkrankungen zeigen eine Unfähigkeit zur Beurteilung von Konflikten, Aggressionen und Problemen auf und damit verbunden die eigene Ohnmacht, diese zu bewältigen, zu verarbeiten oder aufzulösen. Man verdrängt die unklare, »schwerverdauliche« Situation aus seinem Bewußtsein und so muß der Magen zusätzlich zu seinen natürlichen Aufgaben auch noch die unbereinigten Gefühle verarbeiten. Das führt schließlich zu Magenerkrankungen.

Man sollte also immer versuchen, sich seine Probleme bewußt zu machen und die daraus entstandenen Konflikte ernsthaft zu bearbeiten, um sie damit in den Griff zu bekommen.

Falsch wäre es, Zuflucht bei einem Ausweg zu suchen und der Realität damit zu entfliehen, denn das zieht unweigerlich gesundheitliche Störungen des Magens nach sich.

Gutes Kauen ist übrigens ein Zeichen dafür, daß man sich mit seinem Leben bewußt auseinandersetzt und seine Eindrücke gründlich bearbeitet.

Viele Menschen kauen aber schlecht und schlucken schnell, und das führt zu einer zusätzlichen Überbelastung des Magens.

Bei Magenbeschwerden sollte man sich folgendes fragen:

* Was bereitet mir seelische »Magenschmerzen«?
* Welche Situation kann ich nicht beurteilen und schiebe sie deshalb lieber von mir, als mich damit bewußt auseinanderzusetzen?
* Verurteile ich mich selbst oder andere und trage deshalb Gedanken des Hasses und der Rache in mir?
* Bringe ich die notwendige Toleranz, Geduld und Mitgefühl für meine Umwelt auf, oder kritisiere und verurteile ich andere zu schnell und gedankenlos?

Positive Autosuggestionen:

Ich werde nicht falsch beurteilt und ich beurteile auch andere nicht falsch. Ich hege keine bitteren, rachsüchtigen Gedanken gegen meine Mitmenschen und ich kritisiere und verdamme niemanden. Ich übergebe alle Beurteilung dem göttlichen Gesetz der Gerechtigkeit und ich lebe in Frieden mit mir und meinen Mitmenschen.

Harmonisierende Farben:
Magenbeschwerden werden abwechselnd mit Gelb und Orange behandelt. Farblichtbestrahlungen 30 Minuten täglich, bis die Beschwerden abgeklungen sind.

Harmonisierende Edelsteine:
Beryll, Heliotrop, Jaspis, Hämatit, Smaragd, Heliodor, Aquamarin und Morganit haben eine beruhigende und ausgleichende Wirkung auf den Magen.

Harmonisierungspunkte des Magens liegen am äußeren unteren Ende des großen Zehennagels, links und rechts.

Magenbeschwerden (nervöse)

innerlich

Man reibt einen (ungespritzten) Apfel mit der Schale und gibt 1 Teelöffel Honig und 1 Prise Muskatnußpulver dazu.

Diesen Apfelbrei ißt man nun ganz langsam und kaut ihn gründlich. Er sollte 2 x täglich vor den Mahlzeiten eingenommen werden. Der natürliche Wirkstoff Pektin, der im Apfel enthalten ist, bildet im Magen einen Schutzmantel und beeinflußt damit die erregten Nerven schmerzlindernd.

äußerlich

Man nimmt den Saft einer Grapefruit und gibt 1 Eßlöffel Honig, 1 Prise Muskatnußpulver, 1 Prise Ingwerpulver und 3 Eßlöffel Leinöl dazu. Das erwärmt man gut und macht damit (gelbe oder orange) Kompressen auf den Magen, welche man 1 Stunde einwirken läßt.

*

Man nimmt etwas Sesamöl und gibt 1 Prise Ginsengpulver und 1 Prise Ingwerpulver dazu.

Damit reibt man die Magengegend gut ein.

Bauchschmerzen
innerlich
Man bringt 1/4 Liter Wasser zum Kochen und gibt dann 1 Handvoll Salbei und ein Stück einer Ingwerwurzel dazu.

Das läßt man 10 Minuten zugedeckt ziehen, dann seiht man den Tee ab und gibt 1 Teelöffel Honig dazu. Langsam trinken.

äußerlich
Man nimmt den Saft einer Orange und einer Grapefruit und gibt 1 Prise Meersalz, 1 Prise Muskatnußpulver und 1 Prise Nelkenpulver dazu. Nun erwärmt man diesen Saft und macht damit (blaue) Kompressen auf den Bauch. Die blaue Farbschwingung hat hier eine beruhigende Wirkung.

Achtung:
Bei Bauchschmerzen muß man auch die Möglichkeit einer Blinddarmentzündung berücksichtigen. Hier ist ärztliche Hilfe unbedingt erforderlich!

Leber – Nieren

Die Leber ist das Zentrum des körperlichen Stoffwechsels und ihre Funktion ist sehr umfangreich, denn sie ist für die Entgiftung des Organismus, für die Energieproduktion, den Eiweißstoffwechsel, die Energiespeicherung und die Produktion der Gallenflüssigkeit zuständig.

Anhaltende Schuldgefühle, übersteigerte Beurteilung und Verurteilung, aber auch negative Gedankenstrukturen wie Haß und Neid können zur Erkrankung der Leber, wie z.B. Gelbsucht, führen.

Die Leber erkrankt also an einem Fehlverhalten:

Das ist entweder ein Übermaß an Alkohol und fetten Speisen oder, seelisch-geistig betrachtet, an einer Fehlprogrammierung der Gedanken und Gefühle.

Als Leberschonkost empfiehlt sich eine Mischkost mit viel Obst, Milch und Milchprodukten, Fisch, Gemüsesäften und Eiern.

Der Fettanteil der Nahrung, der möglichst sparsam bemessen sein sollte, muß weitgehend ungesättigte Fettsäuren enthalten.

Zuviel und zu fettes Essen und vor allem Alkohol sind die gefährlichsten Gegner der Leber und können auf Dauer zu erheblicher Schädigung derselben führen.

Die Nieren regeln den Salz- und Wasserhaushalt unseres Körpers und sind für das Gleichgewicht der Säuren und Basen verantwortlich. Probleme mit den Nieren können auf Schwierigkeiten und Enttäuschungen in einer Partnerbeziehung hinweisen und eine Ablehnung oder ein Betrügen des Partners verdeutlichen.

Es spielen hier Belastungen eine Rolle, die nach einer Bereinigung verlangen. Störungen der Nieren geben aber auch einen Hinweis auf eine innere Traurigkeit und Hoffnungslosigkeit und damit auf einen blockierten Fluß der Lebensenergie.

Bei einer Nierenkolik versucht der Körper, diese Blockaden mit Gewalt aufzulösen, um so die Dinge wieder in Fluß zu bringen und es ist dementsprechend schmerzhaft, wenn sich diese angestauten Störungen, auf körperlicher Ebene Steine, mit einem Mal absondern wollen. Die Nieren verdeutlichen auch, genauso wie die Zähne, die Vitalität und die Lebenskraft eines Menschen.

Bei einer Erkrankung der Nieren ist es wichtig, folgendes zu beachten:

* salzarm essen und mit Kräutern würzen, weil das Salz die Nieren daran hindert, Harn auszuscheiden.
* Nieren brauchen viel Wärme!
* Nieren brauchen viel Flüssigkeit! Finden sie in der Trinkflüssigkeit nicht genügend Mineralstoffe, dann holen sie sich diese aus dem Körper.
* Hagebuttentee ist sehr empfehlenswert, weil er die Nieren gut durchspült (2-3 Liter pro Tag).
* Viel Mineralwasser trinken, das wenig Natrium enthält, dafür aber reich an Magnesium und Kalium ist.

Bei Leber- und Nierenproblemen sollte man sich folgendes fragen:
* Wo habe ich meine Grenzen überschritten und das rechte Maß verloren?
* Was erschüttert meine Selbstsicherheit und macht mich depressiv?
* Wo ist mein Leben ins Stocken geraten? Wo blockiere ich mich und verhindere so die Bewältigung meiner Probleme?
* Was trübt oder belastet die Beziehung zu meinem Partner?

Positive Autosuggestionen:

Alle Hindernisse und Blockierungen meines Lebens lösen sich jetzt auf und ich gehe vollkommener Gesundheit, Glück und Zufriedenheit entgegen.

Die vergebende Liebe meines Schöpfers befreit mich jetzt von allen Fehlern der Vergangenheit und der Gegenwart.

Alle Bitterkeit und jeglicher Glauben an Ungerechtigkeit verlassen jetzt meinen Körper und meinen Geist. Göttlicher Ausgleich findet jetzt statt und ich glaube daran, daß sich mein Leben dadurch ordnet. Jede Sehnsucht meiner Seele und jede Not meines Lebens werden jetzt gestillt und bereinigt.

Harmonisierende Farben:
Man bestrahlt die Leber mit Gelb, oder macht Leberkompressen mit einem gelben Tuch.

Die Nieren können zur Anregung und Funktionssteigerung auch mit Gelb bestrahlt werden. Blaulicht oder sehr warme Kompressen mit einem blauen Tuch sind zum Abklingen von Entzündungen besonders zu empfehlen, denn dadurch wird der Heilungsprozeß gefördert und beschleunigt. Bestrahlungszeit zwischen 30 und 60 Minuten.

Harmonisierende Edelsteine:
Leberentzündung: Calcit, Dolomit, Feueropal, Bernstein, Zitrin, Bergkristall und Jaspis,
Leberstärkend: Jade, Labradorit, Smaragd, Rubin und Hiddenit,
Nierenstörungen: Nephrit und Jade,
Blase: Jaspis, Turmalin und Bernstein.

Heilkräftiges für die Leber
innerlich
Man bringt 1/4 Liter Wasser zum Kochen und läßt darin eine kleine Ingwerwurzel 10 Minuten ziehen.

Nun läßt man diesen Aufguß etwas abkühlen und vermischt ihn mit dem Saft einer Orange, 1 Prise Ginsengpulver und 1 Prise Nelkenpulver. Das trinkt man in kleinen Schlucken und wiederholt es 3 Mal täglich.

*

Man nimmt den Saft einer Grapefruit und gibt 1 Teelöffel Honig, 1 Prise Ginsengpulver und 1 Prise Ingwerpulver dazu.

Das trinkt man in kleinen Schlucken.

äußerlich

Man nimmt den Saft einer Grapefruit und rührt 2 Eßlöffel Milch, die man mit einem ganzen Ei verquirlt hat und eine starke Prise Ingwerpulver dazu.

Nun erwärmt man das leicht im Wasserbad und macht dann damit eine Kompresse auf die rechte Bauchseite, die man 1 Stunde einwirken läßt.

*

Man nimmt eine Banane, zerdrückt sie und gibt 1 Eßlöffel Honig, 1 Prise Nelkenpulver und 1 Prise Ingwerpulver dazu.

Nun macht man damit einen Umschlag auf der rechten Bauchseite und läßt diesen 1 Stunde einwirken.

Zur Regeneration der Leber

äußerlich

Man nimmt den Saft einer Grapefruit und gibt 1 Teelöffel Honig, 1 Prise Ginsengpulver und 1 Prise Ingwerpulver dazu.

Diesen Saft erwärmt man nun und macht dann damit eine (gelbe) Kompresse auf der rechten Bauchseite, die man 1 Stunde einwirken läßt. Gut warm halten!

innerlich

Ein besonders gutes Leberregenerationsmittel ist der Saft einer Gurke, denn er enthält ein Enzym, das bei der Verdauung von Protein hilft und dadurch eine Stärkung der Leber begünstigt. Man trinkt 3 Mal täglich vor dem Essen den frisch gepreßten Saft einer Gurke ganz langsam.

*

Diese Rezepte unterstützen die Selbstreinigung der Leber. Dadurch entsteht ein Prozeß der Selbstabstoßung von giftigen Abfallstoffen, die sich dort angesammelt haben.

Sind diese erst einmal gelockert und ausgeschwemmt, dann können die Enzyme das gereinigte Gewebe der Leber und anderer Organe besser ernähren, was eine Regeneration des ganzen Körpers zur Folge hat.

Heilkräftiges für Nieren und Blase

innerlich

Man würfelt sieben Karotten, gibt sie in einen Topf mit 2 Liter Wasser und läßt kurz aufkochen.

Nachdem dieser Aufguß abgekühlt ist, seiht man die Flüssigkeit ab und trinkt sie über den Tag verteilt vor den Mahlzeiten. Bei biologisch gedüngtem Gemüse kann man dazu auch das Grünzeug der Karotten mitverwenden.

Durch das Kochen der Karotten werden Bestandteile freigesetzt, die den Nieren und der Blase heilsame Energien vermitteln.

äußerlich

Man läßt 1/2 Liter Wasser aufkochen und gibt dann eine Handvoll Salbei und eine Ingwerwurzel hinein.

Das läßt man zugedeckt 10 Minuten ziehen, dann seiht man den Aufguß ab und gibt einige Tropfen Leinöl dazu.

Damit macht man sehr warme (gelbe) Kompressen auf die Nierengegend. Gut warm halten und 1 Stunde einwirken lassen.

Hilfe bei Blasenentzündung

* Tägliche Sitzbäder mit Kamillen- oder Zinnkrautzusätzen. Sie wirken lindernd, harntreibend und harnsäureausscheidend.
* Zinnkrauttee trinken, da er reinigend und ausgleichend auf eine irritierte oder entzündete Blase wirkt.
* Bewährt haben sich auch der Birken-, Bärentraubenblätter- sowie der Goldruten-Tee wegen ihrer entzündungshemmenden Wirkung.
* Bei einer Blasenentzündung ist es sehr wichtig, viel zu trinken (2 – 3 Liter täglich), weil konzentrierter Harn das Wachstum der Bakterien fördert. Je mehr man trinkt, umso mehr wird der Urin in der Blase verdünnt.
* Sehr wirkungsvoll ist auch ein heißes Fußbad mit 2 Eßlöffel Ingwerpulver.

Die Zähne

Laut Statistik sollen mehr als 90 % der Bewohner der westlichen Welt an Karies und Zahnverfall leiden, was zweifellos einer der größten gesundheitlichen Zivilisationsschäden darstellt, bedingt durch eine falsche Ernährungsweise.

Als Hauptgrund wird der Verzehr von Zucker verantwortlich gemacht, der durch Bakterien und Säuren, die in den Zahnbelägen entstehen können, die Zerstörung der mineralischen Zahnsubstanz bewirken. Bei übermäßigem Genuß von Zucker, Süßigkeiten und anderen denaturierten Kohlehydraten kann es auch zu Vitaminmangelzuständen und Störungen im intermediären Stoffwechsel kommen.

Eine wirksame Verhütung und Bekämpfung von Karies

und Zahnverfall ist nur dann gewährleistet, wenn der Verzehr von Zucker drastisch eingeschränkt wird und wenn die mundhygienischen Maßnahmen ausreichend sind.

Für die Entwicklung und Festigung des Zahnschmelzes ist Vitamin A bzw. Provitamin A notwendig. Es ist u.a. in Karotten, Salat, Tomaten oder Aprikosen enthalten.

Zahnfleischbluten kann die Folge eines Vitamin C Mangels sein. Vitamin C ist u.a. in Petersilie, Kresse, Kartoffeln, Zitrusfrüchten, Äpfeln oder Spinat enthalten.

Kalzium in Verbindung mit Vitamin D und C, Phosphor, Magnesium und Kupfer sind Wirkstoffe, die für die Zähne sehr bedeutungsvoll sind. Diese Mineralien und Vitamine sind alle in einer ausgewogenen, natürlichen Mischkost zu finden. Ein natürliches Mittel, das alle diese Substanzen in sich vereinigt, sind die Blütenpollen. Ein regelmäßiges Massieren des Zahnfleisches, am besten mit dem Mittelfinger, begünstigt die Durchblutung des Gewebes und damit die Festigung der Zähne.

Die Zähne stellen ein Symbol für Energie und Lebenskraft dar. Geistig-seelisch betrachtet verdeutlichen schlechte Zähne einen Mangel an Widerstandskraft und sind ein Zeichen nachlassender Vitalität.

Auch Trauer, Kummer und Sorgen können zu Zahnerkrankungen führen, denn durch die emotionale Belastung können sich schon vorhandene Haarrisse im Zahnschmelz öffnen, wodurch das darunterliegende Weichgewebe und die Pulpa mit den Nervenenden gereizt wird. Nächtliches Zähneknirschen, was ein Zeichen einer gewissen Abreaktion von unterdrückten Aggressionen deutlich macht, verstärkt dieses Problem. Die beste Hilfe dagegen ist, möglichst ohne Kopfkissen zu schlafen, weil sich der Kiefer durch das flache Liegen entspannen kann.

Das Zahnfleisch ist das Fundament der Zähne und gibt

ihnen Halt, somit ist das Zahnfleisch das Symbol für den inneren Halt, den ein Mensch in sich selbst hat.

Wenn sich das Zahnfleisch zurückzieht, bedeutet das ein inneres Zurückziehen infolge einer Unsicherheit oder Überbelastung, der man sich nicht mehr gewachsen fühlt.

»Er geht am Zahnfleisch« ist die Bezeichnung für einen völlig überforderten Menschen.

Die Körpersprache verdeutlicht das in einem Zurückziehen des Zahnfleisches.

Blutendes Zahnfleisch zeigt auf, daß eine Belastung eingetreten ist, die als Beeinträchtigung des Lebens empfunden wird.

Wenn das Urvertrauen eines Menschen erschüttert worden ist, dann verliert er seine Zähne.

Bei Problemen mit den Zähnen sollte man sich folgendes fragen:

* Welche nicht ausgelebten, unterdrückten Aggressionen belasten mich?
* Wo kann ich nicht mehr richtig zupacken?
* Wie löse ich die schwierige Situation, durch die ich mich nicht mehr hindurchbeißen kann?
* Was blockiert meine Willenskraft, meine Vitalität und Lebenskraft?
* Welche Situation zwingt mich dazu, ständig »die Zähne zusammenbeißen« zu müssen?
* Was hat mich meiner Standfestigkeit und Lebenskraft beraubt, daß ich nun »am Zahnfleisch gehe«?

Positive Autosuggestionen:

Ich rufe jetzt das mächtige, liebevolle Wirken Gottes in mein Leben!

Ich gebe mich und alle meine Angelegenheiten, Sorgen und Mühen mit kindlichem Vertrauen liebend in die Hände des Vaters. Was für mich das Beste ist, wird jetzt auf mich zukommen. Nichts als Gutes kann nun in mein Leben kommen, denn Gott kümmert sich darum.

Ich erfreue mich an der göttlichen Fülle und danke für die Bereicherung meines Lebens.

Harmonisierende Farben:
Entzündungen und Vereiterungen des Zahnfleisches kann man mit Blaulicht bestrahlen oder blaue Umschläge machen.

Rotlicht wirkt durchblutungsfördernd und stimulierend.

Harmonisierende Edelsteine:
Zähne: Weiße Koralle, Calcit, Jett und Bernstein,
Zahnfleisch: Pyrolusit.

Wichtig:
Man sollte sich unbedingt 2 Mal jährlich einer zahnärztlichen Kontrolle unterziehen – auch wenn keine Beschwerden vorhanden sind!

Gepflegte Zähne sind gesunde Zähne:
Zahn- und Mundpflege mit Bürste und Zahnpasta genügen nicht, um den Zahnbelag – die Hauptursache für Parodontose und Karies – zu entfernen und die Durchblutung des Zahnfleisches anzuregen.

Es gibt zusätzliche Hilfsmittel, die der Reinigung schwer zugänglicher Stellen dienen und eine sinnvolle Massage des Zahnfleisches ermöglichen.

Zahnbürste für die Zwischenräume:
Große Bedeutung kommt der Zahnzwischenraumbürste zu. Das ist eine Spezialbürste mit einem besonderen Stiel und einem einzigen Borstenbündel. Mit ihr reinigt man durch kurze drehende Bewegungen die normalerweise schwer zugänglichen Stellen.

Besonders gut lassen sich mit dieser Bürste auch die Beläge im Frontalzahnbereich rückwärts entfernen. Hier setzen sich die Beläge besonders gern fest, werden zu Zahnstein und lösen dadurch die entzündlichen Veränderungen am empfindlichen Zahnfleischrand aus.

Stimulator für das Zahnfleisch:
Der Zahnfleisch-Stimulator ist ein Gummi- oder Kunststoffkegel an einem handlichen Griff, der in die Zahnzwischenräume in engem Kontakt zum Zahnfleisch geschoben wird.

Durch kreisförmige Bewegungen erfolgt eine gründliche Reinigung der Zahnzwischenräume, aber auch eine intensive Massage des Zahnfleisches. Auf diese Weise wird die Deckschicht des Zahnfleisches verstärkt, so daß sie für Entzündungserreger weniger durchlässig ist. Die erhöhte Durchblutung kräftigt das Zahnfleisch.

Zahnseide:
Sie reinigt schwer zugängliche Zahnzwischenräume über und unter den Kontaktpunkten der Zähne. Hier rutscht die Seide durch und reinigt durch Auf- und Abbewegung die Stellen, an denen sich besonders gerne Beläge (Plaques) festsetzen. Die Zahnseide sollte man am besten täglich abends benutzen.

Die Zeit des Zähneputzens sollte 3 Minuten betragen. Diese recht lange Zeit ist notwendig, um eine wirklich gründliche Reinigung zu gewährleisten. Zum Nachspülen ist die Mundduschc sehr empfehlenswert. Das Zähneputzen morgens und abends ist eine unbedingte Notwendigkeit!

Zahnfleischbluten

Man nimmt 2 Eßlöffel Zitronensaft, 1 Prise Meersalz und 1 Teelöffel Kieselsäuregel (Silicea).

Damit massiert man, am besten mit dem Mittelfinger, mit sanftem Druck täglich ausgiebig das Zahnfleisch. Zusätzlich spült man mit diesem Saft noch die Zähne.

Das ist auch ein sehr wirksames Mittel gegen Zahnfleischschwund!

Entzündung des Zahnfleisches

Man nimmt 1 Glas lauwarmen Salbeitee und gibt 1 Prise Nelkenpulver, 1 Prise Muskatnußpulver, 1 Prisc Meersalz und 2 Tropfen japanisches Heilpflanzenöl dazu.

Damit spült man täglich ausgiebig den Mund.

Mundgeruch

Man nimmt den Saft einer Grapefruit und einer Orange und gibt 1 Prise Nelkenpulver, 1 Prise Ingwerpulver und 3 Tropfen japanisches Heilpflanzenöl dazu.

Nun füllt man diesen Saft in ein dunkles Fläschchen und nimmt während des Tages immer wieder einen Schluck davon.

Täglich frisch zubereiten.

Übrigens:
Intensiven Mundgerüchen (z.B. Knoblauch) kann man mit Chlorophyll-Dragees (in der Apotheke erhältlich) wirkungsvoll entgegentreten.

Dieser natürliche Wirkstoff bindet unangenehme Gerüche schon im Magen und man kann damit Mund- aber auch Körpergeruch für 6-8 Stunden bannen, indem man 1-2 Dragees, die absolut natürlich und gut verträglich sind, unzerkaut schluckt.

Übergewicht und Cellulitis

Abnehmen und wieder schön, schlank und fit sein – das ist heute ein großes Anliegen vieler Menschen.

Bei Übergewicht liegt stets eine Fehlsteuerung körperlicher Funktionen vor. Das Gleichgewicht zwischen Ein- und Ausfuhr ist mehr oder minder dauerhaft gestört und die Harmonie unter den Organfunktionen ist verlorengegangen.

Im normalen Zustand verfügt der menschliche Organismus über ein perfekt funktionierendes System, welches Kalorienbedarf- und verbrauch ohne das Zutun des Willens reguliert.

An der Einhaltung dieses lebenswichtigen Gleichgewichts sind das Appetitzentrum im Gehirn und die inneren Organe in gleicher Weise beteiligt. Während das Appetitzentrum von äußeren Faktoren beeinflußt wird, wie z.B. vom Aroma, der Farbe oder dem Geschmack, so reagieren die inneren Organe auf die wechselnde Konzentration der gelösten Nährstoffe im Blut.

Bei dem Problem *Übergewicht* ist auch die Erkenntnis wichtig, daß hier das Gefühlsleben eine ganz entscheidende und »gewichtige« Rolle spielt.

Übergewicht macht aus geistig-seelischer Sicht nämlich deutlich, daß die Seele und damit auch das Gefühlsleben Mangelerscheinungen aufweisen. Sie sind sozusagen »unterernährt«.

Ein gestörtes Eßverhalten, eine blockierte Drüsentätigkeit und körperliche Trägheit machen sich schließlich in Form von Übergewicht deutlich.

Je höher die Waage steigt, umso tiefer fällt das Selbstbewußtsein und schließlich ist der Punkt erreicht, wo man in einer Radikalkur die letzte Hoffnung sieht, um einen rapiden Gewichtsverlust zu erzielen und seinem Idealgewicht schnell nahe zu kommen.

Doch damit hat man seinem Körper keinen Gefallen erwiesen, denn die Folgen davon sind äußerst nachteilig auf den Kreislauf und auf das ganze Allgemeinbefinden. Der ständig schwelende Hunger und der seelische Frust, verbunden mit den Mangelerscheinungen, die der Körper dadurch aufweist, führen schließlich zu einem völligen Kontrollverlust über das Eßverhalten und damit schnellt das Gewicht wieder in die Höhe und das Selbstwertgefühl gerät immer mehr ins Wanken.

Eine Gewichtsabnahme muß langsam und gesundheitsbewußt vor sich gehen, wenn sie erfolgreich und dauerhaft sein soll. Es hat überhaupt keinen Sinn Gewaltkuren zu machen, denn diese überfordern den ohnehin schon aus dem Gleichgewicht geratenen Körper noch mehr.

Das empfindliche Energiegleichgewicht kann durch folgende Faktoren gestört sein:

* Einfluß der Keimdrüse,
* Fettdepotbildung, infolge von Überernährung – eine der auslösenden Ursachen für Cellulitis,
* statische Fehlbelastung der Wirbelsäule,
* mangelnde Versorgung und Entsorgung des Gewebes,

infolge einer Fehlstellung der Füße. (Spreiz-, Platt- oder Senkfuß)

* geschwächtes Lymphsystem, oder durch einen Lymphstau, der z.B. durch zu enge Kleidung verursacht werden kann,
* chronische Verstopfung, falsche Ernährung, Vitamin- und Mineralmangel, Nikotin und Alkohol,
* unzureichende Sauerstoffzufuhr infolge flacher Atmung,
* Muskelerschlaffung infolge Bewegungsmangels – wo Muskeln sind, setzt sich kein Fett an,
* Störungen des vegetativen Nervensystems,
* schmerzhaft empfundenen, seelischen Mangel, der durch übermäßige Nahrungsaufnahme ausgeglichen werden möchte.

Cellulitisch verändertes Gewebe weist gleichzeitig auf zwei Anomalien hin:

1.) eine übermäßige Fettanreicherung in den Zellen,
2.) eine Störung des Kapillarkreislaufes, sowohl des Blutes als auch der Lymphe.

Nur eine ausgewogene Zirkulation des Blutes und der Lymphe erlaubt jedoch die Ernährung und die Sauerstoffversorgung des Gewebes und eine ausreichende Ausscheidung der Abfallprodukte.

Dazu ist eine natürliche, vitalstoffreiche Kost unbedingt nötig, denn nur so erhält der Körper die notwendige Energie, seine aus dem Gleichgewicht geratene Balance wiederzufinden.

Sie hilft ihm beim Stoffwechsel von Fettansammlungen, wirkt auf die Regeneration von Gewebe und Zellen, löst Ablagerungen von überflüssigen Schlackstoffen und fördert eine gute Verdauung. Die Schilddrüse ist oftmals der Schlüssel zu einer erfolgreichen Gewichtskontrolle.

Wenn sie funktionsfähig ist, was durch jodhaltige Nahrung begünstigt wird, dann kann sie einen träge gewordenen Stoffwechsel ankurbeln, wodurch Nahrungsmittel schnell verbrannt werden, bevor sie sich in Fett verwandeln können.

Unbedingt notwendig ist aber auch ein ausgewogenes, gezieltes Muskeltraining und eine ausreichende Sauerstoffversorgung durch richtiges, bewußtes Atemtraining, wodurch die notwendigen Verbrennungsvorgänge im Körper gefördert und beschleunigt werden. »Das Geheimnis der Heilung liegt in den Händen« behauptet eine alte orientalische Lehre, da die Hände ein lebendiges Ebenbild der beiden Energiepole Yin und Yang sind und dadurch Heilung bringen können.

Eine Massage mit den Händen ist demnach auch eine sehr wirkungsvolle Heiltherapie.

Vorteile der Massage für das Kreislauf-System:

* Sie fördert den Blutkreislauf und löst Blockaden.
* Sie verstärkt die Sauerstoff- und Nährstoffzufuhr der Zellen im ganzen Körper.
* Sie ist eine Entlastung des Herzens, indem sie dazu beiträgt, diesem lebenswichtigen Organ verstärkt Blut zuzuführen.
* Sie treibt die Lymphflüssigkeit durch den Körper voran, wodurch das Abwehrsystem gestärkt und Gift- und Schlackstoffe beseitigt werden.

Um eine wirkungsvolle Schlankheitsbehandlung durchführen zu können, ist jedoch zuerst eine tiefgreifende Selbstanalyse erforderlich, denn nur so ist es möglich, auch von der geistig-seelischen Ebene her Blockaden abzubauen, die dafür verantwortlich sind, daß überschüssiges Fett in den Zellen gehortet und festgehalten wird. Das kann infolge eines gestörten Eßverhaltens, oder infolge mangelhafter Drüsentätigkeit der Fall sein.

Die Leber ist das »Zentrallaboratorium« unseres Körpers und deshalb kommt ihr bei der Gewichtsreduktion eine große Bedeutung zu. In der Leber werden nämlich die Nahrungsbestandteile in ihre kleinsten, zellulären Einheiten zerlegt und von ihr aus wird der Fettstoffwechsel gesteuert.

Solange der Organismus durch Fehlinformationen an dieses Zentrum Schaden nimmt, solange ist man übergewichtig, denn die »drahtlose« Kommunikation der Zellen ist aus dem geordneten Gleichgewicht geraten und damit gestört.

Die Leber ist also die zentrale Schaltstelle des Stoffwechsels und daher ist ihre einwandfreie Funktionsfähigkeit die erste Voraussetzung bei einer erfolgreichen Behandlung von Übergewicht und Cellulitis.

Zweifel an sich selbst, fehlendes Selbstbewußtsein oder Depressionen sind unter anderem ein Zeichen einer gestörten Leberfunktion. Bei einer wirkungsvollen Schlankheitsbehandlung darf also die Leber nicht außer acht gelassen werden, denn sie hat dabei wichtige Funktionen zu erfüllen. Bei Gewichtsproblemen sollte man sich folgende Fragen stellen:

* Wo beachte ich nicht meine Grenzen und schieße übers Ziel?
* Wovon kann ich nicht genug bekommen? (Anerkennung, Ruhm, Geld, Macht)
* Wo habe ich das rechte Maß verloren? Was bewerte ich über?
* Was halte ich mit Gewalt fest?
* Welche »gewichtige« Rolle glaube ich in meinem Leben spielen zu müssen?
* Unterdrücke oder bedrücke ich meine Mitmenschen?

* Welches unterdrückte Gefühl kompensiere ich mit dieser Haltung? Was will ich damit beweisen – mir selbst oder meinen Mitmenschen?

Positive Autosuggestionen:
Ich vergebe jedem, dem ich in meiner Vergangenheit und Gegenwart etwas zu vergeben habe. Ich lasse los – ich bin frei. Jetzt und für immer. Alles um mich herum ist bereinigt.

Göttliche Ordnung und Harmonie beleben mich und ich bin durch und durch heil. Ich sage Dank, daß Spannungen sich jetzt lösen, Harmonie zum Ausdruck kommt und neue Lebensenergie meinem Körper die Kraft zur Regeneration gibt.

Harmonisierende Farben:
Bei Übergewicht muß in erster Linie das vegetative Nervensystem stabilisiert werden. Dazu bestrahlt man das Sonnengeflecht täglich 1/2 Stunde mit **Grün**, 7 Tage hintereinander.

Die nächsten 7 Tage werden mit Gelb bestrahlt, um Magen, Darm, Leber und Blase mit Farbenergie anzuregen. Man bestrahlt auch hier 1/2 Stunde das Sonnengeflecht. Diese Kur sollte 7 Wochen lang durchgeführt werden. Am wirkungsvollsten ist sie in Kombination mit Umschlägen oder Kompressen, wie in den Rezepten angegeben.

Harmonisierende Edelsteine:
Bernstein: reinigt, wärmt, wirkt auf die Leber harmonisierend.
Sodalith: wirkt harmonisierend auf Drüsen und Stoffwechsel, erhöht das Selbstvertrauen; ebenso Turmalin, Heliodor, Diamant und Zirkon.

Gute Ratschläge zum Abnehmen

Langsam essen, kleine Bissen zu sich nehmen und gut kauen! Langsames, sorgfältiges Kauen stimuliert den Enzymfluß, bewirkt so eine gesunde Verdauung und somit auch eine bessere Assimilation der gesundheitsfördernden Nährstoffe.

Übrigens: Wer langsam ißt, ißt weniger!

*

Viel grünes Blattgemüse essen, da die darin enthaltenen Mineralien Säure neutralisieren und eine enzymatische Verdauungstätigkeit schaffen.

*

Japanische Wissenschaftler haben herausgefunden, daß das Vitamin K außerordentlich wirkungsvoll bei Schlankheitsbehandlungen ist. Dieses Vitamin K ist im Tang, einem Hauptnahrungsmittel im Orient, enthalten, aber auch in grünem Blattgemüse, im Kohl, in Tomaten, Zitronen, grünen Bohnen und Erbsen, im Blumenkohl, in Brennesselblättern, Karotten, Kartoffeln und in der Erdbeere und Hagebutte. Das Vitamin K reguliert die Funktion der Nebennierendrüsen, den Fett-Stoffwechsel und die Abwehrvorgänge im Körper.

Dadurch entsteht ein besseres Gleichgewicht zwischen Hormonen und Stoffwechsel, was wiederum eine bessere Assimilation der Nährstoffe zur Folge hat. Die Fettverbrennung wird dadurch beschleunigt. Das Vitamin K ist also **der** ideale Helfer der Natur beim Abnehmen.

*

Tang hat in Verbindung mit warmem Wasser eine natürliche, fettabbauende Wirkung. Es absorbiert viel überschüssige Gewebsflüssigkeit und Fettsubstanzen direkt aus den Poren.

Dieser Effekt wird durch die elektrolytische, magnetische Wirkung des Tangs erzielt, die auch Giftstoffe aus dem Körper zieht.

Der reiche Jodgehalt vom Tang regt die Schilddrüse an, wodurch der träge Stoffwechsel angekurbelt wird, was wieder eine schnellere Fettverbrennung zur Folge hat.

Für ein Schlankheitsbad mit Tang nimmt man einige Handvoll davon (im Reformhaus erhältlich) auf ein Vollbad, welches man kurmäßig längere Zeit hindurch nehmen sollte. Bei Schilddrüsenüberfunktion darf man es jedoch nicht anwenden!

*

Die alten Orientalen empfahlen Honig, um den Appetit zu kontrollieren und Gewicht zu verlieren. Obgleich Honig eine konzentrierte Süßigkeit mit Kalorien ist, kann er schlank erhalten. Und zwar geschieht das durch den beschleunigten Honig-Zucker-Stoffwechsel, wodurch Fett schneller verbrannt wird. Dies wurde ärztlich bewiesen.

*

Grün ist in Verbindung mit Gelb die Farbenergie, um den Körper bei seinen Gewichtsreduktionsbemühungen wirkungsvoll zu unterstützen. Es ist bekannt, daß Blattgrün (Chlorophyll) der Ablagerung von Degenerationsstoffen im menschlichen Körper entgegenwirkt. Es fördert die innere Ruhe und Ausgeglichenheit und ist bei der Harmonisierung des gestörten, inneren Gleichgewichts, das zum Übergewicht geführt hat, eine gute energetische Unterstützung.

*

Bei Gewichtsproblemen sollte man seine Küche und sein Eßzimmer niemals in Rot oder Orange halten, denn das sind Farben, die den Appetit anregen.

Blau und Grün hingegen wirken appetitzügelnd.

*

Wenn man abnehmen möchte, sollte man auf keinen Fall eine Gewaltkur machen. Mäßigung und Ausgewogenheit sind der Schlüssel zu guter Gesundheit und damit zu einer guten Figur.

Jedes Übermaß, sowohl in die eine als auch in die andere Richtung, ist gesundheitsschädlich.

Abnehmen und dabei gesund bleiben
Die wichtigsten Lebensmittel, die schlank und gesund machen.

Fettarmer Joghurt:
Vitaminreich, hochwertiges Eiweiß. Sorgt für Stoffwechsel und Nerven.

Vollkornprodukte:
Vollkornbrot, brauner, ungeschälter Reis, Buchweizen und Haferflocken beinhalten viele Ballaststoffe, viel Vitamin B1, das im Körper Kohlehydrate abbaut und damit Übergewicht verhindert.

Artischocken:
Enthalten viele Ballast- und Bitterstoffe und sind deswegen gut bekömmlich für Leber, Galle und Nieren.

Auberginen:
Sie haben viele Ballast- und Schleimstoffe und regen damit den Darm an.

Brokkoli:
Er hat viele Ballaststoffe und das Hautvitamin A. Außerdem ist er reich an Kalium und wirkt harntreibend.

Grapefruit:
Sie hat einen hohen Fasergehalt, viel Bitterstoffe und Vitamin C. Sie wirkt blutreinigend und leberstärkend.

Grüne Bohnen:
Sie enthalten viele Ballaststoffe und Silizium, das gut für das Bindegewebe und die Blutgefäße ist.

Grüne Salate:
Sie haben viele Ballaststoffe, Mineralstoffe und Vitamin A, entschlacken die Haut und sind gut für den Darm.

Gurken:
Sie bestehen zu 96 % aus Wasser, enthalten viele Mineralstoffe und harntreibendes Kalium.

Sellerie:
Er hat viele Faserstoffe, Kalium und B-Vitamine sowie Jod, das wichtig für die Schilddrüse ist.

Sauerkraut:
Verbessert die Darmfunktion, entgiftet und senkt das Cholesterin.

Tomaten:
Viele Ballaststoffe und Vitamin A wirken blutreinigend, entgiftend und hautfreundlich.

Honig- und Wassermelonen:
Sie sind wasserreich, entschlacken und regulieren die Verdauung.

Gemüsepaprika:
Reich an Ballaststoffen und Vitamin C. Gut für die Verdauung, Blutgefäße, Kreislauf und Abwehrkräfte.

Kartoffeln:
Sie haben viel Eiweiß und Kalium und sind damit ideale Schlankmacher.

Apfel:
Das Pektin des Apfels senkt das Cholesterin.

Alle Kohlsorten:
Sie haben viele Ballaststoffe, Vitamine A und K, Kalium und Kalzium.

Champignons:
Sie haben kein Fett, aber viel Eiweiß, Kalzium und Kalium.

Fisch und Schalentiere:
Kaum Fett, aber viel hochwertiges Eiweiß, daher gut für Herz und Blutgefäße.

Milch und Quark (fettarm):
Sie haben viel Eiweiß und Kalzium und sind gesund für Knochen und Zähne.

Schlankheitsgetränke
Man bereitet sich eine Tasse Lindenblütentee und gibt 1 Prise Nelkenpulver und ein wenig Honig dazu.

Diesen Tee trinkt man 2 Mal täglich vor der Mahlzeit.

Er hat eine stark kreislaufanregende Wirkung und ist daher eine große Hilfe bei Gewichtsproblemen.

*

Man nimmt den Saft einer Grapefruit, einer Zitrone und einer Orange und gibt 1 Teelöffel Honig, 1 Prise Ginsengpulver und 1 Prise Nelkenpulver dazu. Diesen Saft trinkt man täglich vor der Hauptmahlzeit, kurmäßig über einen längeren Zeitraum hinweg. Er beschleunigt die Stoffwechseltätigkeit.

Gegen unerwünschte Fettpolster

Man nimmt den Saft einer Zitrone und gibt 1 Teelöffel Meersalz, 1 Prise Ingwerpulver und 1 Eßlöffel reinen Alkohol dazu.

Mit dieser Lösung befeuchtet man ein grobes (rotes) Frotteetuch und massiert die Problemzonen damit kräftig in Herzrichtung.

*

Man nimmt 2 Eßlöffel Leinöl und gibt 1 Prise Ginsengpulver und 1 Teelöffel Kieselsäuregel (Silicea) dazu.

Damit werden die Problemzonen regelmäßig gut massiert.

Kurpackung gegen Cellulitis

Man nimmt entweder den Brei einer Banane oder einen mit der Schale geriebenen Apfel (ungespritzt) und gibt dazu 1 Teelöffel Meersalz, 1 Prise Nelkenpulver und 1 Prise Muskatnußpulver.

Mit diesem Brei macht man einen Umschlag auf das Sonnengeflecht, welchen man mit einem gelben Tuch abdeckt und 1 Stunde einwirken läßt. Die Heilenergien wirken so direkt auf das Nervensystem und stimulieren damit eine vermehrte Stoffwechseltätigkeit.

Die Folge davon ist ein beschleunigter Fettabbau.

Schlankheitskompresse

Man nimmt ein Viertel eines mittelgroßen Weißkohls, zerschneidet es in fingerdicke Stücke und legt diese in ein Glasgefäß. Nun gießt man 1 Liter Mineralwasser (kohlensäurefrei) darüber. Das Gefäß wird nun mit einem Deckel gut verschlossen und ca. 24 Stunden stehengelassen.

Um die Heilschwingungen der harmonisierenden Farbe Grün miteinzubeziehen, kann man das Glasgefäß mit einem grünen Tuch bedecken.

Dann gießt man diese Essenz ab und verwendet sie folgendermaßen: Aus der einen Hälfte davon bereitet man sich ein Getränk, dem man den Saft einer halben Zitrone und 1 Eßlöffel Honig zufügt.

Die andere Hälfte verwendet man für Kompressen und gibt dafür noch 1/2 Teelöffel Meersalz in die Essenz.

Die Kompressen macht man direkt auf die »problematischen« Körperstellen mit einem grünen Tuch, oder auf das Sonnengeflecht mit einem gelben Tuch. Diese Anwendung macht man täglich kurmäßig.

Weißkohl enthält das *»Schlankheitsvitamin«* K. Außerdem ist er, genauso wie das Meersalz, jodhaltig, was eine stoffwechselanregende und stark fettabbauende Wirkung hat. Am beißenden Geruch, den die Kompressentücher nach einer Stunde angenommen haben, kann man gut erkennen, in welchem enormen Ausmaß dem Körper Gifte und Abfallstoffe entzogen wurden!

Schlankheitsbad

Man bringt 2 Liter Wasser zum Kochen und gibt 2 Handvoll Lindenblüten und zwei Ingwerwurzeln hinein. Das läßt man zugedeckt 10 Minuten ziehen, seiht den Aufguß dann ab und gibt ihn in das vorbereitete Badewasser, dem man noch 2 Tassen Meersalz beifügt.

Darin badet man 20 – 30 Minuten (Auch für Fußbäder sehr wirkungsvoll!)

*

Wichtig ist die anschließende kalte Dusche, denn das kalte Wasser schließt die Poren, fördert die Durchblutung und wirkt anregend auf den gesamten Stoffwechsel und auf das körpereigene Abwehrsystem. Außerdem sorgt sie dafür, daß die Haut schön straff bleibt!

Hauterkrankungen

Die Haut ist das größte Wahrnehmungsorgan unseres Körpers. Sie ist einerseits sehr robust und widerstandsfähig, doch andererseits auch sehr empfindlich und ausdrucksstark, wenn es um Störungen im Körper geht.

Neben der Funktion als Schutz für Muskeln, Knochen und innere Organe ist sie das Hauptausscheidungsorgan unseres Körpers. Funktioniert die Haut nicht richtig, oder wird sie nicht genügend gereinigt, so können Schlackstoffe die Poren verstopfen und Hauptprobleme verursachen.

Hautunreinheiten, Ausschläge, Pickel, Akne oder sonstige Störungen die auf der Haut sichtbar werden, sind ein äußeres Zeichen dafür, daß irgendeine Art von Verunreinigung oder eine Störung im Körper steckt und sich auf diese Weise ein Ventil schafft.

Einige Hautstörungen können auf emotionalen Streß zurückgeführt werden, der auch verschiedene andere Körperfunktionen beeinflussen und stören kann.

Probleme dieser Art können nur behandelt werden und eine Heilung erfahren, wenn die Ursache dafür gefunden und behoben wird. Jede Hauterkrankung ist ein Ausdruck des inneren Zustandes eines Menschen. Sie steht in einem engen Zusammenhang mit unterdrückten Aggressionen. Juckreiz weist beispielsweise auf zurückgedrängte Emotionen und angestauten Ärger hin. Ein Ausschlag zeigt an, daß etwas, das bisher geheimgehalten und verschleiert wurde, die Grenzen der Unterdrückung durchbrechen will.

Kummer und Mißstimmungen werden oftmals unbewußt auf die Haut übertragen. Das gleiche gilt auch für Haß, Verbitterung oder sonstige Empfindungen.

Die Haut projiziert die inneren Gefühlsvorgänge getreu nach außen: man wird rot vor Verlegenheit, blaß vor Schreck, oder man schwitzt vor Aufregung.

Bei Hautveränderungen im Gesicht wird man dazu veranlaßt, einer Sache »ins Gesicht« zu schauen, sie zu akzeptieren und ihr nicht mehr aus dem Weg zu gehen.

Die Haut muß es also ausbaden, wenn ein inneres Geschehen nach außen drängt. Sie ist der genaue Barometer innerer Gemütsbewegungen, Stimmungen oder Überempfindlichkeiten.

Bei einer Überforderung des Gefühls muß die Haut einspringen und die Reaktionen ableiten.

Spannungszustände äußern sich oftmals in besonders starken Schweißausbrüchen. Damit werden Giftstoffe aus dem Körper ausgeschieden, was zu einer starken Hautüberbelastung führen kann.

Die normale Entgiftung über die Haut wird auch häufig durch schlechte Durchblutung und verstopfte Poren erschwert. Dadurch bleiben die Stoffwechselschlacken in der Haut stecken und diese entzündet sich.

Giftstoffe die normalerweise über den Darm und die Harnwege ausgeschieden werden, bahnen sich nun durch die Haut den Weg nach außen und das verkraftet sie nicht und reagiert mit Hauterkrankungen, die als Signal zu werten sein sollten, daß mit dem Innenleben etwas aus dem Gleichgewicht geraten und somit nicht in Ordnung ist. Eine gesunde Ernährung spielt für die Erhaltung einer schönen Haut deswegen eine so große Rolle, weil durch sie die Ausscheidungsvorgänge angeregt und der Zellstoffwechsel und die Gefäßfunktionen normalisiert werden.

Bei einer Hautentzündung ist es wichtig, auf eine vermehrte Zufuhr von Vitamin H (Biotin) zu achten, enthalten z.B. in Milch und Salat. Auch Vitamin A und Provitamin A beugen Entzündungen und Hautunreinheiten vor, enthalten z.B. in Karotten, Tomaten, grünem Salat, Hefe und Blütenpollen.

Vitamin B5 (Panthothensäure) verbessert bei Hautschäden die Wundheilung und ist z.B. in Weizenkeimen, Hefe oder Tomaten enthalten. Eine kurmäßige Einnahme von Bierhefe ist empfehlenswert, wobei man täglich 3 Eßlöffel davon zu sich nimmt.

Die Haut kann nur dann ihrer vielseitigen Aufgabe voll gerecht werden, wenn wir ihr ein Höchstmaß an Pflege angedeihen lassen. Dazu zählt auch eine ausreichende Versorgung mit frischer Luft, weil diese auf Kreislauf und Stoffwechsel anregend wirkt.

Als Atmungsorgan nimmt unsere Haut den Sauerstoff auf und als Entschlackungsorgan scheidet sie Schweiß und organische Abfallstoffe aus. Unsere Haut ist also nicht nur die Hülle unseres Körpers, sondern ein Organ mit vielen, unterschiedlichen Funktionen, daher ist es auch sehr wichtig, auf Kleidung zu achten, die die Hautatmung nicht erschwert, denn eine solche Störung geht von den Hautnerven auf die inneren Organe über. Als Kleidung sind also nur Naturprodukte zu empfehlen, da Chemiefasern auf Synthesebasis zu Störungen zwischen den Hautnervenzonen und den inneren Organen führen können.

Bei einer Hauterkrankung sollte man sich folgendes fragen:

* Leide ich unter Kontaktmangel und fühle mich deswegen isoliert und einsam?
* Was brennt oder juckt mir auf der Haut? Warum fühle ich mich nicht wohl in meiner Haut? Welche Probleme verlangen danach, beachtet und bereinigt zu werden?
* Was habe ich in mir aufgestaut? Wodurch blockiere ich meine innere Energie? Was stört meine Harmonie?
* Was ist es wirklich in mir, das die inneren Grenzen durchbrechen und zum Vorschein kommen möchte?
* Blockiere ich Gefühlsbezeugungen meiner Mitmenschen durch meine abweisende Haltung selbst ab? Fühle ich mich deswegen unbeachtet, isoliert und ungeliebt? Was kann ich tun, um diesen Zustand zu verändern?

Positive Autosuggestionen:
Neue Türen öffnen sich vor mir und ich gehe voll Zuversicht in ein Leben in Geborgenheit, Glück und Gesundheit.

Ich habe jetzt die richtige Beziehung zu meinen Mitmenschen und ich weiß, daß gute Ergebnisse jetzt auf mich zukommen, nachdem ich angefangen habe, ihnen entgegenzugehen.

Ich bin froh und dankbar für dieses Wissen.

Harmonisierende Farben:
Blaulichtbestrahlungen bei Entzündungen, eitrigen Erkrankungen und Juckreiz. Orange zur Anregung der Lebensfreude, besonders wenn emotionale Verspannungen zugrunde liegen.

Blaue Tücher für Kompressen verwenden.

Harmonisierende Edelsteine:
Hautausschlag: Aventurin, Topas, Granat, Perle und Zirkon,

Entzündungen: Topas und Spinell,
Juckreiz: Malachit, Azurit und Dolomit,
Allergie: Zirkon,
Ekzem: Saphir und Aventurin,
Wunden: Granat, Rubin, Aventurin, Amethyst und Quarz,
Verbrennungen: Chrysopras, Jadeit und Smaragd.

Citrin und Hämatit haben eine reinigende Wirkung auf die Haut und unterstützen die Entschlackung.

Eitrige Hautstellen

Man nimmt den Saft einer halben Orange und einer halben Zitrone und gibt 1 Prise Nelkenpulver, 1 Prise Kümmelpulver und 1 Prise Oregano dazu. Mit diesem Saft betupft man mehrmals täglich die betroffenen Hautstellen. Er hat eine stark entzündungshemmende Wirkung.

Akne

Man nimmt 3 Eßlöffel Bananenbrei, 1 Eßlöffel Honig, 1 Prise Muskatnußpulver und 1 Prise Salbeiblätter, die man zwischen den Fingern zerreibt. Nun gibt man soviel Heilerde (in der Apotheke erhältlich) dazu, daß eine streichfähige Masse daraus entsteht.

Diese trägt man auf das gereinigte Gesicht auf und läßt sie 1/2 Stunde einwirken. Gut abwaschen.

Nun nimmt man etwas Zitronensaft, dem man 1 kleine Prise Meersalz beifügt. Damit tupft man die Aknestellen gut ab, läßt den Saft antrocknen und verwendet dann eine Creme gegen Akne.

Unreine Haut

Man nimmt den Saft einer halben Orange und einer halben Zitrone, 1 Teelöffel Honig, 1 Prise Nelkenpulver und 1 Eßlöffel Kieselsäuregel (Silicea). Nun gibt man soviel Sojamehl dazu, daß eine streichfähige Masse daraus entsteht. Diese trägt man auf das gereinigte Gesicht auf und läßt sie 1/2 Stunde einwirken.

Zitronen- und Orangensaft stellen den natürlichen Säuremantel der Haut wieder her und fördern die Heilung.

*

Stiefmütterchentee ist bei Akne und unreiner Haut sehr empfehlenswert, da er eine reinigende, entschlackende und damit heilungsfördernde Wirkung auf die Haut hat.

Man trinkt davon 3 Mal täglich 1 Tasse kurmäßig.

Auch für Gesichtskompressen, die man so warm wie möglich auflegt, ist Stiefmütterchentee sehr wirkungsvoll. Ein blaues Tuch ist für die Kompresse empfehlenswert, da die blauen Farbschwingungen entzündungshemmend und damit heilungsfördernd wirken.

Man kann auch das Gesicht mit Blaulicht bestrahlen, täglich ca. 20 Minuten mit geschlossenen Augen.

Ekzem

Man nimmt den Saft einer halben Orange und einer halben Zitrone und gibt 1 Prise Nelkenpulver und 1 Prise Ingwerpulver dazu.

Damit betupft man die befallenen Hautstellen mehrmals täglich.

Hautentzündungen

Man nimmt den Saft einer Orange und gibt 1 Prise Ginsengpulver und 1 Teelöffel Sesamöl dazu.

Nun tränkt man ein weiches (blaues) Tuch mit diesem Saft und legt diese Kompresse 1 Stunde auf die entzündete Hautstelle.

Hautausschlag

Man mischt 3 Eßlöffel Bananenbrei, 1 Eßlöffel Honig, 1 Prise Nelkenpulver, 1 Prise Oregano und 1 Eßlöffel Kieselsäuregel (Silicea).

Diesen Brei läßt man 1 Stunde einwirken.

Oregano ist ein Gewürz, das durch seine ätherischen Öle eine große Heilwirkung auf die Haut besitzt.

Hitzeausschlag

Man nimmt den Brei einer Banane und gibt den Saft einer Orange, 1 Prise Oregano, 1 Prise Salbeiblätter, die man zwischen den Fingern zerreibt und 1 Eßlöffel Kieselsäuregel (Silicea) dazu.

Diesen Brei legt man auf die befallenen Hautstellen auf, bis ein kühlender Effekt eintritt, höchstens aber 1 Stunde. Nachher gut abwaschen und die Haut mit einer Feuchtigkeitsemulsion nachbehandeln.

Sonnenbrand

Man verrührt 5 Eßlöffel Quark mit einer kräftigen Prise Nelkenpulver und 2 Eßlöffel Kieselsäuregel (Silicea).

Nun trägt man diese Packung auf die befallenen Hautstellen auf. Zusätzlich kann man noch ein feuchtes, blaues Tuch darüberlegen, weil die blaue Farbschwingung einen Kühleffekt hat. 1 Stunde einwirken lassen, kalt abwaschen und danach behutsam eine Feuchtigkeitsemulsion auftragen.

Juckende Hautstellen

Man nimmt etwas Milch und gibt 1 Prise Ingwerpulver dazu. Damit befeuchtet man einen Wattebausch und reibt die juckenden Stellen gut ein.

Hautallergie

Man nimmt den Saft einer halben Grapefruit und gibt 1 Prise Ingwerpulver und 1 Prise Ginsengpulver dazu.

Mit diesem Saft betupft man mehrmals täglich die befallene Hautstelle.

Hautverletzungen

Man nimmt den Saft einer viertel Zitrone und gibt ein paar Tropfen Sesamöl, 1 Prise Ginsengpulver und soviel Mehl dazu, daß daraus ein Brei entsteht.

Diesen gibt man nun auf einen Wattebausch und legt ihn 1 Stunde auf die Wunde. Danach mit Honigwasser reinigen.

(Dafür nimmt man etwas abgekochtes Wasser und vermischt es mit 1 Eßlöffel Honig.)

Wunden

Man nimmt 2 Eßlöffel Bananenbrei und gibt 1 Prise Ginsengpulver, 1 Prise Nelkenpulver und 1 Prise Oregano dazu.

Diesen Brei schlägt man in ein Gazetuch ein, legt es auf die Wunde und läßt 1 Stunde einwirken.

Danach mit Honigwasser reinigen und ein Pflaster darübergeben.

Frostbeulen
Man nimmt den Saft einer halben Orange und einer halben Zitrone, gibt 1 Prise Ingwerpulver und so viel Mehl dazu, daß daraus eine streichfähige Paste entsteht.

Diese gibt man nun auf einen Wattebausch und legt ihn auf die betroffene Hautstelle. 1 Stunde einwirken lassen.

Die Augen

Es ist wissenschaftlich nachgewiesen, daß das Sehvermögen eng mit dem Denkvermögen im Zusammenhang steht.

Gedanken und Gefühle spiegeln sich in den Augen wieder – sie erhellen oder verdunkeln die Iris, sie blitzen vor Zorn oder strahlen vor Freude.

Emotionen der Freude oder des Kummers werden durch die Augen in Form von Tränen nach außen geleitet – sie wirken in diesem Fall wie Blitzableiter, um die inneren Spannungen auszugleichen. In den Augen spiegelt sich aber auch die momentane Gesinnung eines Menschen und seine Denkrichtung.

Viele Ausdrücke, die von den Gedanken bestimmt werden, sind vom Sehen abgeleitet:

Vorsicht, Aufsicht, Nachsicht, Übersicht, Fernsicht, Einsicht, Absicht. Die Kurzsichtigkeit ist geistig-seelisch gesehen ein Ausdruck der Angst vor der Außenwelt.

Wer den Tatsachen des Lebens nicht gerne ins Auge sehen möchte, der lebt kurzsichtig.

Häufig haben kurzsichtige Menschen auch eine verengte geistige Einstellung, wie z.B. Angst, Schüchternheit oder Zukunftsängste, weil sie fürchten, den auf sie zukommenden Problemen nicht gewachsen zu sein.

Diese »Fehlsicht« sollte durch eine bewußte Haltung positiv beeinflußt werden, damit die Muskelblockade, die nicht nur im Auge, sondern viel tiefer zu finden ist, aufgelöst werden kann, um so den blockierten Energiefluß wieder in Gang zu setzen.

Bei Weitsichtigkeit dagegen besteht eine stark extrovertierte Haltung, die durch bestimmte Faktoren, wie z.B. Erziehung, Prestigedenken oder durch Einflüsse von außen nicht zu Ausdruck gebracht werden konnte und sich somit in der Muskulatur festgesetzt hat.

Der weitsichtige Mensch sollte sich darum bemühen, seine geistige und visuelle Beweglichkeit wiederzugewinnen, indem er vermeidet, in erstarrte Denkmuster und Gewohnheiten zu verfallen, weil diese Verhärtung der geistig-seelischen Haltung sich unfehlbar auf die Augen schlägt.
Bei Augenproblemen sollte man sich folgendes fragen:

* Was will ich nicht sehen oder wahrhaben?
* Warum habe ich Angst, meiner Zukunft ins Auge zu sehen?
* Welchen Standpunkt sollte ich einnehmen, um meine Sichtweite zu vergrößern und damit bessere Einblicke zu bekommen?
* Wovor verschließe ich lieber meine Augen, um unbehelligt zu bleiben von irgendwelchen Dingen?
* Was bedrückt oder unterdrückt mich?
* Welche neuen Perspektiven kann ich meinem Leben geben?

Positive Autosuggestion:
Ich habe keine Angst vor meiner Zukunft – ich sehe ihr vielmehr zuversichtlich und hoffnungsvoll entgegen.

Ich habe erkannt: wie der Mensch denkt – so ist er.

Ich kann alles haben – sobald ich den inneren Mut aufbringe, dieses zu glauben und meine innere Kraft dafür gebrauche, meine Wünsche und Ziele zu verwirklichen.

Mit meinen Gedanken halte ich den Schlüssel für jede Situation in meinem Leben in Händen und damit habe ich die Kraft, alles, was mir bevorsteht, bewältigen zu können.

Ich bin ein Teil von allem Guten – und das Gute wird siegen.

Harmonisierende Farben:
Augenentzündungen kann man mit blauem Farblicht harmonisieren. Man bestrahlt 30 Minuten bei geschlossenen Augen.

Auch das Tragen einer blaugetönten Brille bewirkt eine Linderung. Bei sonstigen Augenerkrankungen ist Grün eine ausgleichende Farbe. »Das Schauen ins Grün wird als reale Befriedigung empfunden«, sagte Goethe.

Harmonisierende Edelsteine:
Obsidian, Onyx, Hyazinth, Saphir, Aquamarin, Dioptas, Türkis, Smaragd, Malachit, Rosenquarz und Variscit wirken harmonisierend auf das Sehvermögen und stärken es energetisch.

Juckende, brennende Augen

Man nimmt 5 Eßlöffel lauwarmen, gut abgeseihten Kamillentee und gibt 1 Teelöffel Honig und 1 Prise Ginsengpulver dazu.

Nun befeuchtet man einen Wattebausch mit dieser Lösung und legt ihn 1/2 Stunde auf die geschlossenen Augen.

Geschwollene Augen

Man nimmt 1/2 Tasse heißes Wasser, rührt 1 Teelöffel Meersalz hinein und läßt das Salz gut auflösen. Wenn diese Lösung abgekühlt ist, macht man damit Augenkompressen und läßt sie 1/2 Stunde einwirken. Das wiederholt man mehrmals am Tag.

Sehschwäche

Man nimmt 5 Eßlöffel lauwarmen Salbeitee und gibt 1 Prise Muskatnußpulver und 1 Prise Nelkenpulver dazu.

Damit macht man über eine längere Zeit hinweg Augenkompressen, die man 1/2 Stunde einwirken läßt.

Wirkungsvolle Augen-Übungen

Die Augen sind unser wichtigstes Sinnesorgan. Doch man nimmt ihr einwandfreies Funktionieren viel zu selbstverständlich hin und vernachlässigt seine Augen oft sehr.

Anspannungen der Augen und dadurch entstandene Kopfschmerzen können durch die folgenden Augen-Übungen weitgehend reduziert und gebessert werden.

Das Augen-Rollen hilft sehr wirkungsvoll:

* wenn die Augen angestrengt und übermüdet sind,
* indem es die Augenmuskulatur stärkt,

* indem es Kopfschmerzen lindert,
* und indem es die Augen klar und glänzend macht und eine allgemein entspannende Funktion hat.

So funktioniert das »Augen-Rollen«:
* Setzen Sie sich bequem hin und schauen Sie geradeaus.
* Schauen Sie so weit wie möglich nach rechts, ohne den Kopf dabei zu bewegen und verharren Sie so 5 Sekunden.
* Schauen Sie jetzt so weit wie möglich nach links, wieder 5 Sekunden.
* Schauen Sie nun nach oben, unter Ihre Augenbrauen, 5 Sekunden.
* Schauen Sie nach unten, an Ihrer Nase entlang, 5 Sekunden.
* Stellen Sie sich jetzt eine große Uhr vor und drehen Sie Ihre Augen den Zahlen entlang, so daß sich Ihre Augen wie ein Sekundenzeiger ruckartig bewegen und verharren Sie 1 Sekunde bei jeder Zahl.
* Nun wiederholen Sie das in entgegengesetzter Richtung.
* Zum Abschluß bedecken Sie Ihre Augen mit den Handflächen und ruhen Sie sich so 30 Sekunden lang aus.

Machen Sie diese Übung, wann immer Sie müde und abgespannt sind, oder Ihre Augen stark beansprucht haben.

Kopfschmerzen – Migräne

Kopfschmerzen sind in unserer Zeit zu einem alltäglichen Problem geworden, von dem ca. 20 Prozent der Bevölkerung in den modernen Industrieländern betroffen ist.

Frauen sind für Kopfschmerzen anfälliger als Männer und man ist sich darüber einig, daß die Ursache von Kopfschmerzen vorwiegend auf emotionale Störungen zurückzuführen ist.

Der Kopf reagiert von allen Organen am schnellsten mit Schmerzen, wenn innere Spannungszustände vorliegen.

Kopfschmerzen und Migräne können durch vielerlei Ursachen ausgelöst werden. Oft werden sie durch eine chronische Verspannung der Nackenmuskulatur hervorgerufen. Aber auch eine Leber-Galle-Störung, Wettereinflüsse, hormonelle Störungen, depressive Verstimmung, sowie Augenerkrankungen sind einige der Ursachen, die diese Symptome auslösen können.

Die Migräne ist ein schwerer, starker Kopfschmerz, bei dem sich im Gegensatz zum Spannungskopfschmerz die Gefäße nicht verengen, sondern sehr stark erweitern.

Menschen, die unter starker Migräne zu leiden haben, haben immer in Teilbereichen ihres Gefühlslebens unterdrückte Aggressionen. Die meisten unerledigten seelischen Konflikte beruhen auf Gefühlen, die oft schon in der Kindheit ihren Ursprung haben und nicht zum Ausdruck gebracht werden konnten. Oft können erst die Reaktivierung und Verarbeitung dieser Gefühle eine Hilfe bringen. »Ich bin unzufrieden mit meinem Leben«, oder »ich stehe unter einem furchtbaren Druck« – das sind typische Beispiele der Klagen, die das verdrängte Gefühlsleben eines Migränekranken verdeutlichen. Kopfschmerzen jeglicher Art sind immer eine Aufforderung, innere Spannungen zu beseitigen und sich mit Konflikten auseinanderzusetzen, die zu Spannungen und damit zu Kopfschmerzen geführt haben. Je weniger man entspannt ist, desto mehr schlägt sich das in einem Spannungszustand der Gefäße im Kopf nieder.

Um Kopfschmerzen vorzubeugen, ist es auch sehr wichtig, sich richtig zu ernähren, auf eine geregelte Verdauung zu achten und für ausreichend frische Luft zu sorgen. Tiefe Atemübungen sind dabei besonders hilfreich, weil der Körper dadurch vermehrt Sauerstoff aufnehmen und Kohlendioxyd ausscheiden kann. In den Lungen wird der Sauerstoff durch das Blut aufgenommen und dann im ganzen Körper verteilt.

Während des Atmungsvorgangs bewirken die Ausweitung und das Zusammenziehen des Zwerchfells einen harmonischen Rhythmus, der den gesamten Organismus biochemisch, organisch und ganz besonders gefühlsmäßig beeinflußt. Deshalb ist ein bewußtes, tiefes Atmen gerade bei Migräneanfällen und Kopfschmerzen besonders zu empfehlen.

Als Erste Hilfe ist auch ein ableitendes Fußbad sehr empfehlenswert, da es über die Reflexzonen in den Füßen seine Wirkung entfalten kann (siehe Rezepte).
Bei häufigen Schmerzen im Kopf sollte man sich folgendes fragen:

* Was macht mich mit meinem Leben unzufrieden?
* Warum kann ich keine sachliche Kritik vertragen?
* Was stellt mich unter einen belastenden Druck?
* Wovor habe ich Angst? Was hält mich unter einer bedrükkenden Spannung?

Positive Autosuggestion:
Die Arbeiten und Pläne meines Lebens gehen jetzt rasch der sicheren und vollkommenen Erfüllung entgegen. Ich werde

gesegnet mit Glück, Erfolg und gutem Gelingen. Verzögerungen gibt es nicht.

Das, was nicht zu meinem Wohle dient, verschwindet jetzt aus meinem Leben. Die reiche Substanz des Schöpfers ist unbegrenzt und steht überall und jedem zur Verfügung.

In mir und gegen mich gibt es keine Kritik. Ich beweise mein Können und bin empfänglich für die reichen Ideen, die mir jetzt auf vollkommene Weise zuströmen. Harmonie herrscht an erster Stelle in mir und meiner Welt.

Harmonisierende Farben:
Die harmonisierende Farbe bei allen Arten von Kopfschmerzen ist Blau. Bei Migräne ist Violett die beruhigende Farbe. Vielfach wird auch die grüne Farbschwingung als ausgleichend und wohltuend empfunden. Sehr entspannend wirkt dabei die Meditation.

Harmonisierende Edelsteine:
Bei Kopfschmerzen wirken blauer Topas, Türkis, Weißer Turmalin, Bernstein, Hämatit, Smaragd, Jett, Saphir, Aquamarin, Bergkristall und Lapislazuli sehr beruhigend und harmonisierend.

Bei Migräne sind der Amethyst und der Jett wirkungsvoll.

Bei akuten Anfällen kann man als zusätzliche Hilfe den Harmonisierungspunkt, der in beiden Händen in der Mulde zwischen Daumen und Zeigefinger liegt, stimulieren.

Kopfschmerzen
innerlich
Man nimmt eine Tasse schwarzen Kaffee, den man mit ein wenig Fruchtzucker süßen kann und gibt den Saft einer

halben Zitrone dazu. Das trinkt man ganz langsam und wiederholt es im Bedarfsfall.

äußerlich
Man läßt eine Ingwerwurzel in 1 Liter Wasser aufkochen und gibt dann den Saft von einer Orange dazu.

Nun atmet man einige Minuten lang die heißen Dämpfe ein. Das wiederholt man, bis die Schmerzen abgeklungen sind.

Man kann damit auch sehr wirkungsvolle Nackenkompressen machen. Sie sollen so heiß wie möglich sein. Empfehlenswert ist eine grüne Kompresse, da diese Farbschwingung das Nervensystem entspannt und beruhigt.

Migräne

innerlich
Man nimmt ein Glas sehr warme Milch und gibt 1 Prise Ingwerpulver hinein. Das trinkt man so warm wie möglich, ganz langsam.

Auch für heiße Nackenkompressen sehr geeignet!

äußerlich
Man nimmt etwas Sesamöl, dem man 1 Prise Kümmelpulver zufügt und massiert damit Schläfen, Stirn und Nacken.

*

Bei Kopfschmerzen und Migräne kann man mit einem Fußbad oftmals eine wirkungsvolle Harmonisierung der Beschwerden erzielen.

Für ein Fußbad bringt man 2 Liter Wasser zum Kochen und gibt 1 Handvoll Eichenrinde und 5 Gewürznelken hinein. Das läßt man zugedeckt 10 Minuten ziehen, seiht den Aufguß dann ab und gibt ihn in eine (blaue) Fußbadewanne. Das Fußbad soll so warm wie verträglich genommen werden, 20 – 30 Minuten. (Empfehlenswert ist es, sich ein Badetuch über die Knie zu legen, damit das Fußbad länger warm bleibt.)

Die Füße

Die Füße haben nicht allein mit dem Gehen und Stehen zu tun, sondern sie sind ebenso wie die Hände als zentrale Schaltstelle unseres Körpers anzusehen.

Die Fuß- und Handregionen stehen in einer besonderen reflektorischen Beziehung zu bestimmten Körperteilen und Organen.

Die aus dieser Erkenntnis entwickelte Reflexzonentherapie der Füße basiert auf dem Wissen, daß entsprechende Fußzonen in einer Wechselbeziehung zu dem entsprechenden Organ und der Körperregion dieser Zone stehen.*

Die in den Füßen lokalisierten Nervenenden korrespondieren mit den dazugehörigen, entsprechenden Körperzonen und dienen als Leitungssystem, welches auf die Füße ausgeübte Reize überträgt.

Die Aktivierung der Reflexzonen in den Füßen bewirkt eine vermehrte Durchblutung der Organe und eine gesteigerte Ausscheidung von Schlacken und Giftstoffen. Über die Fußsohlen können auf diese Weise gestörte Energieabläufe wieder harmonisiert werden.

Kneipp hat schon vor mehr als 100 Jahren auf die Bedeutung der Fußsohlen hingewiesen und Barfußgehen, Wasser-

---

* Weiterführende Literatur siehe Seite 269

treten und Tautreten in seinen Therapieplan miteinbezogen. Er wußte um die Heilreize, die von den Fußsohlen ausgehen, da diese besonders reich an Nervengeflechten sind und daher zu Reaktionen im ganzen Körper führen.

Die Energieverteilung im Körper entspricht der Energieverteilung in den Füßen – und umgekehrt.

Über die Füße kann also der innere Energiehaushalt ausgeglichen werden, das heißt, bei energetischer Unterversorgung kann fehlende Energie aufgeladen oder überflüssige, festsitzende Energie abgeleitet werden.

Die Füße sind somit die grundsätzlichen Energieregulatoren unseres Körpers, denn sie spiegeln seinen gesamten Energiezustand wider und halten den Kontakt zur Erde.

Zwischen den beiden Polen Yin (Erde) und Yang (Mensch) besteht ein stetiger fließender Energieaustausch.

Wenn diese Energie zwischen den beiden Polen ungestört fließen kann und nicht durch Blockaden behindert wird, so bedeutet das volle Funktionsfähigkeit des Körpers, was Gesundheit und Wohlbefinden und somit eine Steigerung der Lebensqualität zur Folge hat.

Der ganze Mensch wird von seinen Füßen beeinflußt, denn sie sind die Basis auf der er steht.

Die Füße haben ein sehr feines Empfinden gegenüber dem was richtig und was falsch ist in unserem Leben – und sie reagieren dementsprechend. Die Fußnerven sind nämlich mit der Geisteskraft des Verstehens verbunden, die ihren Sitz im Vorderhirn hat.

Ein altes Sprichwort sagt:

»Des Menschen Schreiten ist des Menschen Schicksal«.

Das bedeutet, daß der Seelenzustand eines Menschen im gesunden oder kranken Zustand seiner Füße reflektiert wird.

Veränderungen und Auffälligkeiten an den Füßen sagen durch die Art ihres Auftretens sehr Genaues über den inneren Zustand eines Menschen.

Der Fußtonus gibt Aufschluß über die innere Vitalität und Spannkraft. Überhitzte Füße zeigen eine aufgestaute, emotionale Überladung auf. Ein chronisch kalter Fuß ist dagegen ein Zeichen für unterkühltes Denken, Handeln und Fühlen.

Die Senkung des Mittelfußknochens zeigt an, daß ein innerer Einbruch durch körperliche oder gefühlsmäßige Überbelastung entstanden ist.

Hühneraugen sind, psychoenergetisch betrachtet, ein Anzeichen tiefgehender geistiger Konflikte, die für den betreffenden Menschen subjektiv von außen gemacht werden. Sie entstehen durch Druck von außen. Er selbst scheut die Auseinandersetzung mit diesen Konflikten. Anatomisch gesehen bildet sich gegen diesen schmerzhaften bis an den Knochen gehenden Prozeß ein punktuelles »Schutzschild« – das Hühnerauge.

Chronische Schweißfüße deuten auf eine andauernde, starke Überbelastung eines Menschen hin. Durch die Schweißsekretion versucht sich der Körper zu entlasten, indem er sich toxischer Stoffe entledigt.

Kurzfristige Schweißabsonderungen sind dagegen gesunde, energetische Reinigungsprozesse, die gefördert sein sollten. In einer Hammerzehe verdeutlicht sich ein verkrampftes, realitätsabgewandtes, kompliziert verschachteltes Denken.

Starke Hornhautbildung signalisiert eine innere Entfernung von echter Verantwortlichkeit und Autorität im Leben.

Wohltemperierte, gepflegte und leistungsfähige Füße sind immer ein Zeichen für Gesundheit, innere Harmonie und Lebensfreude eines Menschen.

Das sind einige Beispiele von Anzeichen, die in den Füßen zum Ausdruck kommen und die den Körper-Geist-Zustand eines Menschen verdeutlichen.

Unsere Füße repräsentieren unsere Fähigkeit, mit beiden Beinen im Leben zu stehen. Sie stehen im Zusammenhang mit unserem Verständnis in Bezug auf unser Leben.

Probleme mit den Füßen weisen oftmals darauf hin, daß man Angst vor dem Vorwärtsgehen oder vor einem Schritt in eine bestimmte Richtung hat.

Es ist in diesem Fall sehr wichtig, seinen Lebensweg einmal gründlich zu überdenken und zu prüfen, ob die Schritte, die man unternimmt auch wirklich zum angestrebten Ziel führen, ob der Standpunkt, den man eingenommen hat der richtige ist und ob genügend Standfestigkeit und Zielstrebigkeit vorhanden ist, um die Schwierigkeiten auf dem Weg zum Ziel überwinden zu können.

Eine gründliche Fußpflege, regelmäßige Fußbäder und Fußmassagen sind sehr wichtig, da sie regulierend auf den gesamten Energiehaushalt unseres Körpers wirken und somit großen Einfluß auf unsere Gesundheit und unser allgemeines Wohlbefinden haben. Es ist auch notwendig auf fußgerechte Schuhe zu achten, die den Zehen genügend Raum und den Fersen einen guten Halt geben. Hohe Absätze führen auf Dauer zu Haltungsschäden im Becken und Wirbelsäulenbereich.

Plastikschuhe (z.B. Turnschuhe) aber auch Schuhe mit Plastiksohlen beeinträchtigen den Energieaustausch zwischen Mensch und Erde und somit die innere Harmonie und Ausgewogenheit.

Müde, schmerzende Füße

Man nimmt den Saft einer Orange, einer Zitrone und einer

Grapefruit und gibt dann 1 Prise Nelkenpulver, 1 Prise Ingwerpulver und 1 Prise Oregano dazu.

Nun gibt man diesen Saft in eine (blaue) Fußbadewanne, gießt 1 Liter warmes Wasser dazu und badet darin die Füße 1/2 Stunde. Dann die Füße gut abwaschen, kalt nachspülen und mit etwas Pflanzenöl, dem man 1 Prise weißen Pfeffer beigemischt hat, gut durchmassieren.

Fußschweiß

Man nimmt den Saft einer Grapefruit und einer Zitrone und fügt 1/2 Teelöffel Ginsengpulver dazu.

Nun befeuchtet man ein Paar Baumwollsocken mit diesem Saft und zieht sie 1/2 Stunde lang an.

Fußpilz

Man nimmt eine Mischung aus 1 Liter warmem Wasser und 1 Liter Milch und gibt 1/2 Teelöffel Ginsengpulver und 1 Handvoll Salbeiblätter dazu. Darin badet man seine Füße 1/2 Stunde.

Fuß- oder Beinkrämpfe

Man nimmt etwas Pflanzenöl und gibt 1 Prise feingemahlenen, weißen Pfeffer dazu. Damit massiert man die befallenen Stellen.

Das hilft sehr rasch und wirkungsvoll, weil der weiße Pfeffer einen stark durchblutungsfördernden Effekt hat.

Die rote Farbschwingung ist hier eine zusätzliche Hilfe!

Die Reflexzonen in den Füßen

Schon vor 5000 Jahren wußten die alten Chinesen, daß man auch über die Füße auf die inneren Organe einwirken kann, um so Schmerzen zu lindern oder zu heilen.

Die Reflexzonen-Massage ist also eine uralte Form der Therapie und dabei eine äußerst angenehme und wohltuende, denn der erste Grundsatz dafür lautet: Eine Reflexzonenbehandlung darf nie schmerzhaft sein.

Genauso wie bei der Akupunktur und Akupressur handelt es sich dabei um die Normalisierung von Energieströmen im Organismus. Die beiden Fußsohlen, in der Mitte zusammengeführt, stellen den menschlichen Körper dar, wobei die Zehen jeweils den Kopfbereich verkörpern.

Die Füße und auch die Hände sind als zentrale Schaltstellen unseres Körpers zu betrachten. Die Nervenenden aller Organe sind in den Händen und in den Füßen lokalisiert und stehen in einer ständigen Wechselbeziehung zueinander.

Das zentrale Nervensystem stellt die Kommunikationsverbindung her. Die Nerven unseres Körpers sind also die Vermittler, mit deren Hilfe wir einerseits die Umweltreize wahrnehmen und andererseits darauf reagieren können.

Außerdem besitzen wir noch das vegetative Nervensystem, das durch Reize von außen nur bedingt erreichbar ist und das die Arbeit der inneren Organe steuert (Herzrhythmus, Drüsentätigkeit, Stoffwechsel).

Der wichtigste Nervenknoten des vegetativen Nervensystems ist das Sonnengeflecht, von wo aus die Organe des Bauchs gesteuert werden. (Magen, Leber, Bauspeicheldrüse, Darm usw.)

Eine Aktivierung der Reflexzonen regt die Ausscheidung von Giftstoffen und Schlacken an, bewirkt eine vermehrte Durchblutung der Organe und führt zu einem verbesserten körperlichen Befinden. Die Reflexzonentherapie erlangt zunehmende Bedeutung in der Therapie und als Methode der Selbstbehandlung. Sie ermöglicht den Abbau innerer Spannungen und bewirkt eine allgemeine Entlastung und Revitalisierung.

Für eine fachgerechte Reflexzonenmassage benötigt man eine längere Ausbildung und Fachkenntnis.

Ich möchte hier nur einen Hinweis geben, daß man sich durch Knet-Streich- und Druckmassage (und auch durch heilkräftige Fußbäder) eine sehr schnell wirksame Hilfe geben kann, die über die Reflexzonen in den Füßen den ganzen Organismus günstig beeinflußt.

Die Organe im menschlichen Körper

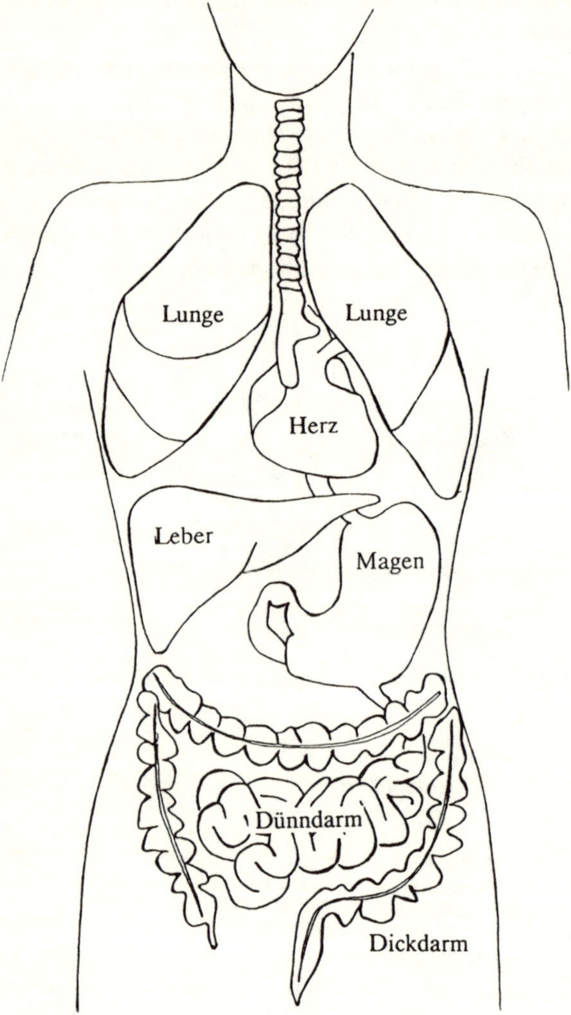

Reflexzonen an den Füßen

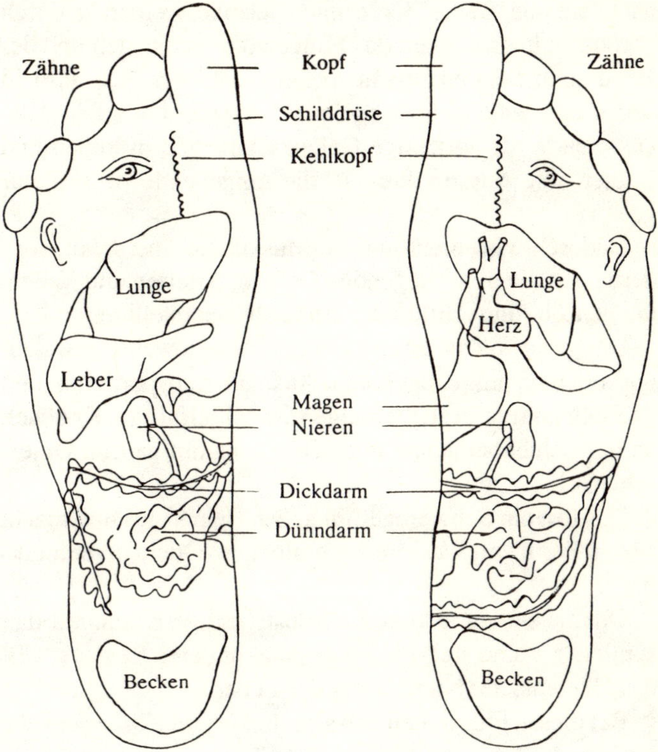

Die Beine

Übergewicht hat nicht nur auf das Herz und auf das Kreislaufsystem eine schädliche Auswirkung, sondern vor allem auch auf die Beine. Füße und Gelenke werden dadurch chronisch überbelastet, das Fußgewölbe senkt sich und der Band- und Sehnenapparat lockert sich. Der Fuß wird in seiner normalen Achse abgeknickt und damit wird die Voraussetzung für vorzeitige Gelenkschmerzen in Füßen und Beinen mit Ausstrahlung in die umgebende Muskulatur gelegt.

Dadurch wird nicht nur die Muskulatur überdehnt, sondern auch die in ihr liegenden Gefäße, Arterien und Venen, die den Zu- und Abfluß des Blutes bewerkstelligen.

Das geschwächte Herz kann Blut und Gewebsflüssigkeit nur noch in ungenügendem Ausmaß transportieren und dadurch kommt es zu Stauungen am Mittelfuß, am Knöchel, an der Schienbeinkante und schließlich am ganzen Unterschenkel.

Das löst ein Schweregefühl in den Beinen aus und macht sich in Form von Wasseransammlungen (Ödemen) bemerkbar.

Ödeme stellen also keine selbstständige Krankheit dar, sondern sie sind stets die Folge eines anderen Leidens, z.B. des Herzens, der Nieren oder der Leber.

Bei diesen Flüssigkeitsansammlungen im Körpergewebe ist immer zuviel Natrium in den Flüssigkeitsräumen zwischen den Zellen. Voraussetzung für eine erfolgreiche Ausschwemmung der Ödeme ist eine kochsalzarme (Natriumchlorid) Kost bei normaler Flüssigkeitszufuhr. Eine Einschränkung der täglich benötigten Flüssigkeit führt nicht zur Wasserausschwemmung im Gewebe. Der Wasserhaushalt unseres Körpers wird über die Nerven von Zentren im

Zwischenhirngebiet, von Hormonen des Hinterlappens der Hirnanhangdrüse und der Nebennierenrinde, sowie vom Mineralstoffwechsel und dem Gleichgewicht zwischen Säuren und Basen gesteuert.

Besondere Kreisläufe des Wassers gibt es im Verdauungskanal und in den Nieren. Diese halten das Gleichgewicht des Flüssigkeitsdruckes und des Verhältnisses zwischen Säuren und Basen im Blut aufrecht. Sie sind *die* Steuerorgane des Wasserhaushaltes. Das Lymphsystem ist als Transportorgan zwischen Blut und Gewebe geschaltet.

Durch Lymphkapillare und -gefäße gelangt die Lymphflüssigkeit in den großen Kreislauf.

Mangelnde Bewegung und eine vorwiegend sitzende Tätigkeit tragen zusätzlich zu schlecht durchbluteten Beinen bei.

Ein geistig arbeitender Mensch ist dafür besonders anfällig, da sein Gehirn reichlich Blut benötigt, das dann dem Fuß und Bein entzogen wird.

Eine aktive Durchblutungsförderung ist deshalb oberstes Gesetz zur Bekämpfung von Beinbeschwerden.

Zwischen den Abbauprodukten im Darm und den Gefäßinnenhäuten besteht eine sehr enge Beziehung, deshalb sollte die Ernährungsfrage bei der allgemeinen Behandlung aller Beinleiden ganz besonders berücksichtigt werden.
Drei Hauptpunkte sind dabei besonders wichtig:

* Erhaltung des Normalgewichts, beziehungsweise Verringerung des Übergewichts.
* Anregung der Darmfunktion und regelmäßige, tägliche Stuhlentleerung.
* Zufuhr einer vitamin- und vitalstoffreichen, natürlichen Kost.

Zweckmäßig ist eine gemischte Kost mit Buttermilch, Joghurt, Quark, Obst, Gemüse und Vollkornprodukten.

Der Fleischgenuß sollte sehr eingeschränkt werden, ebenso die Zufuhr tierischer Fette, welche durch kaltgepreßte Pflanzenöle ersetzt werden sollten.

Zusätzliche Vitamingaben von Vitamin B und C haben einen sehr guten Einfluß auf das Gefäßsystem. Vitamin E wirkt unterstützend auf das Bindegewebe. Vitamin P setzt die Durchlässigkeit der Kapillaren herab, erhöht ihre Widerstandsfähigkeit, greift in die Zellatmungsvorgänge ein und hilft damit gegen Gefäßdurchlässigkeit, Krampfadern und Ödembildung. Vitamin P ist besonders in Citrusfrüchten, Hagebutte, Roßkastanie, Johannisbeeren, Paprika und Buchweizen enthalten.

Oberschenkel, Unterschenkel und Fuß bilden zusammen mit den Hüft-, Knie-, Fuß- und Zehengelenken eine funktionelle Einheit, die einer ständigen Belastung ausgesetzt ist.

Durch eine Überforderung der Beine und mangelnde Pflege entwickeln sich mit der Zeit akute und chronische Krankheitszustände in den Arterien, Venen, Muskeln und Gelenken, wobei in vielen Fällen noch eine Bindegewebsschwäche hinzukommt.

Wenn dann zu der üblichen täglichen Schwerarbeit der Beine nun auch noch eine Überbelastung des Körpers durch ständigen Konsum von Genußmitteln, wie Alkohol, Nikotin und Coffein dazukommen, so wirken diese Schadstoffe noch zusätzlich erschwerend.

Das wirkt sich in den Beinen im wesentlichen an einem verminderten Zu- und Abfluß des Blutes in den Arterien und Venen aus.

In den Arterien findet sich der Blutfarbstoff, der den lebenswichtigen Sauerstoff zu transportieren hat.

Jede Zelle, sei sie auch noch so klein, benötigt Sauerstoff zum Leben. Ein Leben ohne Sauerstoff ist nicht möglich.

Arterien transportieren das Blut zu den Zellen, damit diese ernährt und am Leben erhalten werden. Ist die Arterie jedoch verstopft, so bekommen die Zellen nicht genügend Nährstoffe, antworten mit Krankheiten oder sterben ab.

Die Venen transportieren das verbrauchte, kohlensäurehaltige Blut und die Zellschlacken zurück in das Zentrum, damit es dann bei der Atmung zu einem Austausch in den Lungen kommt.

Diese beiden Gefäßsysteme unterliegen einem gewaltigen Verschleißprozeß. Die Arterien haben bei zunehmendem Alter die Neigung, sich zu verengen, die Venen erweitern sich durch das Dünnerwerden der Gefäßwände. In diesen erweiterten Venenknoten verklumpt sich dann das Blut und man spricht von Krampfadern und Hämorrhoiden. Sehr häufig sind diese Krankheiten auch mit Verdauungsstörungen verbunden, aber ohne Behebung dieser Ursache kann keine Besserung eintreten, weil durch den stark geblähten, gefüllten und erweiterten Darm der venöse Rückfluß ganz erheblich behindert wird.

Eine gesunde Darmflora ist die Voraussetzung für einen geregelten Stuhlgang. Diese erreicht man unter anderem durch saure Milchprodukte, wie Joghurt, Buttermilch, Kefir oder Quark.

Vom psychoenergetischen Standpunkt aus verdeutlichen Krampfadern, daß man in seinem Leben auf einem Platz steht, der einem zu beschwerlich und belastend geworden ist.

Sie zeigen auch ein verkrampftes Denken und Handeln und sind damit eine Aufforderung, seine momentan verkrampfte Lebenssituation zu lösen und damit das blockierte Fließen der inneren Energien wiederherzustellen.

Bei Problemen mit den Füßen und Beinen sollte man sich folgende Fragen stellen:

* Stehe ich mit beiden Beinen auf dem Boden der Realität?
* Beschreite ich Irrwege die mich von meinem Ziel wegführen?
* Bemühe ich mich um genügend Stehvermögen, um die Schwierigkeiten auf meinem Weg zum Ziel zu überwinden?
* Habe ich genügend Verständnis für mich und meine Mitmenschen?
* Begreife ich den Sinn meines Lebens?
* Was blockiert oder behindert meinen Lebensweg? Welcher Umstand macht diesen Weg für mich so schmerzhaft?
* Was hat mich entwurzelt? Was hat mich meiner Standfestigkeit beraubt?

Positive Autosuggestionen:

Es gibt eine richtige Lösung für jede Situation.
Es gibt eine richtige Antwort auf jedes Problem.
Bei Gott gibt es immer einen richtigen Weg.
Ich habe jetzt die rechte Beziehung zu meinem Leben, zu meinen Mitmenschen, zu meiner Zukunft.
Göttliche Liebe geht vor mir her und macht mir meinen Weg leicht.
Ich werde geführt, geheilt, gesegnet und bereichert.
Ich bleibe beharrlich und gehe mutig vorwärts.

Harmonisierende Farben:

Geschwollene, gestaute oder entzündete Beine werden mit blauer Farbenergie behandelt.

Man kann mit Blaulicht 30 Minuten täglich bestrahlen,

oder auch blaue Tücher verwenden und damit Beinkompressen machen.

Das erzeugt Farbschwingungen, die einen kühlenden, beruhigenden Heileffekt haben.

Für Durchblutungsstörungen verwendet man rotes Farblicht.

Ermüdungserscheinungen lassen sich sehr wirkungsvoll mit Grün behandeln.

Die Farbenergie für Lebensfreude ist Orange. Auch diese Farbschwingung ist bei Beinbeschwerden sehr hilfreich. Man kann also noch zusätzlich das Sonnengeflecht, den Sitz des Unterbewußtseins, mit Orange bestrahlen, oder Kompressen mit einem orangen Tuch machen. Das ist eine gute zusätzliche Hilfe, die Belastungen abbaut und beschwingt und fröhlich stimmt.

Harmonisierende Edelsteine:
Schneeflockenobsidian vermittelt Bezug zur Realität.
Mondstein reinigt Lymphblockaden, gleicht Emotionen aus.
Lapislazuli hilft bei Schwellungen, fördert die Standfestigkeit.
Bergkristall löst Blockaden, fördert intuitives Verstehen.
Chalcopyrit und Bornit helfen bei Ödemen.
Jett und Aquamarin kräftigen und stärken die Füße.

Eine Erste Hilfe bei schmerzhaft gestauten Beinen

* Beine hochlegen, damit das Blut leichter zum Herzen zurückfließen kann.
* Zehen kräftig auf- und abbewegen. Das öffnet die Venenklappen und beschleunigt den Rückfluß des Blutes.

* Beine sanft mit etwas Pflanzenöl, dem man 1 Prise Ginsengpulver und 1 Prise Ingwerpulver zufügt, massieren und zwar in Herzrichtung. Jede Massage wirkt von der Haut her über das darunterliegende Gewebe und führt durch Nervenreaktionen zu einer Erweiterung der Gefäße. Mit der besseren Durchblutung der kleinsten Gefäße gelangt reichlich sauerstoffhaltiges Blut in das Gewebe. Vor der Massage sollte man stets ein warmes Kräuterfußbad nehmen, z.B. aus Efeuabsud, Eschenblätterabsud, Birkenblätter- oder Salbeiabsud.
* Eine wirkungsvolle Hilfe erzielt man auch mit einer Packung aus Heilerde oder Quark. Dafür wird der Heilerdebrei oder der Quark auf ein blaues Leinentuch gestrichen und um die Beine gewickelt. Gut mit einer Wolldecke zudecken und 1 Stunde einwirken lassen. Wird der Heilerdebrei oder Quark trocken, muß die Packung entfernt werden, da sonst Hautreizungen auftreten können.
* Wassertreten und dabei richtiges Abrollen der Füße entspannt die Fußmuskulatur und lindert dadurch Fußbeschwerden.

  Dies macht man am einfachsten in der Badewanne, die bis zur Wadenmitte mit kaltem Wasser gefüllt sein muß. (Sollten die Füße jedoch kalt sein, so müssen sie zuerst in einem heißen Fußbad erwärmt werden, da sich sonst der Schmerz in den Füßen verstärken würde.)

  Das macht man ca. 1 Minute lang, streift die Wassertropfen mit der Hand ab und zieht über die noch feuchten Füße Strümpfe an.

  Durch diese Wasseranwendung wird die Intensität der Durchblutung in den Beinen erheblich verstärkt, die Entkrampfung der Beinmuskulatur gefördert und der Spannungszustand des Bindegewebes verbessert.
* Bewegungsarten, welche die Beine entlasten und die

Durchblutung fördern, sind vor allem Schwimmen und Radfahren.

Geschwollene Beine (an heißen Tagen)
Man gibt 1 Liter Wasser, 1 Liter Milch und 2 Teelöffel Ingwerpulver in eine (blaue) Fußbadewanne. Darin badet man die Füße 1/2 Stunde. Die Milch wirkt auf die Lymphe anregend, was zu einem Abschwellen der Beine führt. Ingwer wirkt erfrischend und kühlend.

*

Man nimmt den Saft einer Orange und einer Zitrone und gibt 1 Prise Meersalz dazu. Damit macht man (blaue) Kompressen, legt die Beine hoch und läßt sie 1 Stunde einwirken.

Man kann aber auch ein Paar Baumwollkniestrümpfe mit diesem Saft befeuchten und diese dann für kurze Zeit ins Tiefkühlfach legen. Das hat einen wunderbaren Kühleffekt und ist besonders bei großer Hitze eine sehr wohltuende Behandlung!

Beinödeme
äußerlich
Man nimmt einen (ungespritzten) Apfel, reibt ihn mit der Schale und gibt den Brei einer Banane, den Saft einer Zitrone, 1 Prise Meersalz, 1 Prise Nelkenpulver und 1 Prise Oregano dazu.

Diesen Brei verteilt man auf 2 Gazetücher, legt diese auf die Beine und läßt 1 Stunde einwirken.

Der Apfel hat eine besonders gut entgiftende Wirkung und entwässert rasch.

*

Man nimmt den Saft einer Orange und einer Grapefruit und gibt 1 Prise Nelkenpulver, 1 Prise Muskatnußpulver und 3 Tropfen japanisches Heilpflanzenöl dazu.

Damit macht man (blaue) Kompressen und läßt diese 1 Stunde einwirken. Man kann diese Mischung aber auch mit 1 Liter warmem Wasser verdünnen und darin die Füße baden.

*

Salbei hat bei Beinödemen eine sehr gute Wirkung!

Für ein Fußbad bringt man 2 Liter Wasser zum Kochen und gibt 1 Handvoll Salbei und 1 Ingwerwurzel hinein. Das läßt man zugedeckt 10 Minuten ziehen, seiht den Aufguß ab, gießt ihn in eine (blaue) Fußbadewanne und nimmt darin 20 – 30 Minuten ein Fußbad.

Diese Behandlung hilft, das Wasser aus den Beinen zu schwemmen und damit die Stauungen zu beseitigen.

Krampfadern

Man nimmt den Saft einer Orange und einer Grapefruit und gibt 1/2 Teelöffel Ginsengpulver und 1 Prise Oregano dazu.

Nun befeuchtet man ein weiches Tuch mit diesem Saft und legt die Kompresse 1/2 Stunde auf die betreffenden Stellen.

Man kann diese (orange) Kompresse aber auch auf das Sonnengeflecht, den Sitz der Lebensfreude, legen. Die orange Farbenergie ist hier sehr hilfreich.

Hämorrhoiden

Man nimmt ein kleines Stück Banane, zerdrückt es und gibt 1 Prise Nelkenpulver, ein wenig Sesamöl und einige Tropfen reinen Alkohol dazu. Diesen Brei gibt man auf einen Wattebausch und legt ihn 1 Stunde auf die schmerzende

Stelle. Hinterher gut abwaschen und mit einer Heilsalbe nachbehandeln.

*

Für ein Sitzbad nimmt man 2 Liter Wasser, bringt es zum Kochen und gibt dann 2 Handvoll Salbei und 1 Ingwerwurzel hinein. Das läßt man zugedeckt 10 Minuten ziehen, seiht den Aufguß ab und läßt ihn gut abkühlen, da dieses Sitzbad nicht zu heiß genommen werden darf, sondern eine angenehme Körpertemperatur haben soll. 20-30 Minuten lang baden.

*

Es ist ganz besonders wichtig, nach jedem Stuhlgang eine gründliche Reinigung vorzunehmen. Dafür verwendet man am besten ein Pflanzenöl, dem man 1 Prise Nelkenpulver zufügt.

Blau ist bei Hämorrhoiden die heilende Farbenergie.

Erkältungskrankheiten

Wer gesund und fit durch die kalten Wintermonate kommen will, braucht ein gesundes Abwehrsystem.

Dieses Abwehrsystem wird, neben anderem, maßgeblich von der sogenannten »Grundsubstanz« beeinflußt, was bedeutet, daß unsere 50 Billionen Zellen (diese Zahl hat 12 Nullen!) gar nicht selbständig »funktionieren«, sondern aus ihrer nächsten Umgebung gesteuert werden. Dieses Steuerungssystem ist ein unendlich feines Gewebenetz und das bezeichnet man als »Grundsubstanz«.

Alle Zellen im menschlichen Organismus sind untereinander sozusagen »verkabelt« und eine Zelle funktioniert nur dann optimal, wenn sie an das Kabelnetz angeschlossen ist. Wird eine Zelle jedoch davon getrennt, dann entsteht durch diese Ausfallserscheinung ein Chaos unter der Gesamtheit aller Zellen.

Für die Zellen unseres Körpers ist also das Steuerungssystem »Grundsubstanz« so wichtig, weil es mittelbar auch die Transportstrecke für die Nährstoffe ist, die alle Zellen benötigen und wodurch das Abwehrsystem beeinflußt wird.

Wenn man also diesen Ergebnissen der Forschung folgt, dann ergibt sich daraus, daß eine ungesunde »Grundsubstanz« zu chronischen Krankheiten und Abwehrschwäche führen muß.

Man kann nun mit natürlichen Heilmitteln die »Grundsubstanz« kräftigen und aktivieren. Für solche Präparate wählte man in der Fachsprache das Wort »Bio-Aktivator«.

Ginseng ist zum Beispiel solch ein Bio-Aktivator, aber auch Weizenkeime, Vitamine, Mineralstoffe, Blütenpollen, Gelee Royale, der Futtersaft der Bienenkönigin, um nur einige dieser Naturstoffe zu nennen.

Es wurde wissenschaftlich auch nachgewiesen, daß solche Stoffe sogar in der Lage sind, die Zahl jener Körperchen im Blut zu erhöhen, die man »Killerzellen« nennt und die gezielt Krankheitserreger vernichten. Man ist auch der Meinung, daß die vegetativen, also die unbewußten Nerven in der »Grundsubstanz« verankert sind und daher ist deren Kräftigung auch im Bereich psychosomatischer Leiden sehr hilfreich.

Nicht ein einziges, krankes Organ gilt es daher zu behandeln, sondern immer den ganzen Menschen, als Ganzheit von Körper, Geist und Seele.

Erkältungskrankheiten darf man nicht auf die leichte Schulter nehmen, denn es besteht dabei die Gefahr einer Entzündung des Herzmuskels. Allein in der Bundesrepublik sterben jährlich rund 60.000 Menschen an Herztod nach Erkältungen, sagt die Statistik. Diese Gefahr besteht vor allem dann, wenn Viren auf geschwächte Körperzellen treffen, die arm an Mineralien, Kalzium, Magnesium und Kalium sind und die obendrein noch geschwächt sind durch falsche Ernährung, Streß, körperliche Überanstrengung, sowie übermäßigen Nikotin- und Alkoholkonsum.

Die winzig kleinen Viren nisten sich in den Zellen ein und zwingen sie, ein neues Eiweiß zu produzieren. Davon leben die Viren prächtig, aber die Körperzellen taugen nun nicht mehr für einen ordnungsgemäßen Stoffwechsel. Die Folgen in den Herzzellen sind dann dramatisch, weil der Blutpumpmuskel träge wird, seine Kontraktionsfähigkeit einbüßt und schließlich ganz versagt.

Erste Anzeichen solcher Virusattacken auf Zellen und Muskeln sind: Mattigkeit, Kopfschmerzen, Gliederschmerzen.

Darum sollte man auch einen »harmlosen« Schnupfen durchaus ernst nehmen und jede Virusinfektion immer ganz auskurieren, also Bettruhe und allgemeine Schonung einhalten und eine mineralienreiche Ernährung berücksichtigen, denn nur so können Zellen und Muskeln die Virenangriffe am besten und wirkungsvollsten abwehren. Ein gestörtes, inneres Gleichgewicht, verborgene Ängste und Depressionen schwächen den Abwehrmechanismus des Körpers. Oft werden diese Gefühle nicht bewußt wahrgenommen, sondern unterdrückt, was aber bedeutet, daß sie trotzdem vorhanden sind und nach einer Bewältigung drängen.

Bei einem geschwächten Immunsystem und einer damit verbundenen Anfälligkeit für Infektions- und Erkältungskrankheiten sollte man sich folgendes fragen:

* Infektionskrankheiten haben immer mit unterdrücktem, unbewußtem Ärger zu tun. Welche ärgerlichen Gefühle versuche ich zu unterdrücken?

* Wovor flüchte ich, geistig-seelisch betrachtet? Was greift mich an? Was versuche ich mit Gewalt abzuwehren?
* Welchen Problemen suche ich zu entfliehen? Welcher Realität möchte ich mich nicht stellen, weil ich mich ihr nicht gewachsen fühle?
* Welche unterdrückten, aggressiven Energien stauen sich in mir und »zerreißen« beinahe mein Herz?
* Welche tiefen Gefühle oder Emotionen habe ich hinter einem Schutzpanzer in meinem Inneren eingeschlossen? Was drängt in mir nach einer Bewältigung, Bereinigung, Lösung?
* Was hat mein Gefühlsleben derart irritiert, daß es sich jetzt mit Gewalt einen Weg nach außen sucht? (Entzündungen verdeutlichen angesammelten Ärger, der sich auf diesem Wege nach außen drängt.)

Positive Autosuggestionen:
Ich kann alles bewältigen, sobald ich mir meiner inneren Kraft bewußt bin und den Mut aufbringe, sie zu gebrauchen.

Was ich mir beständig vor Augen halte, das werde ich auch erfahren.

Göttliche Ordnung und Harmonie werden in mir belebt. Nichts kann den stillen Frieden meiner Seele stören.

Neue Tore zum Licht öffnen sich vor mir, voller Zuversicht und Vertrauen gehe ich einem Leben in Gesundheit, Glück und Geborgenheit entgegen.

Göttliche Liebe und Weisheit vollbringen in meinem Dasein ihr vollkommenes Werk. Ich sage Dank für die vollkommenen Ergebnisse.

Harmonisierende Farben:
Bei körperlicher Erschöpfung ist Orange die harmonisierende Farbe. Man kann diese Farbenergie in Form von

Bestrahlungen (30 Minuten täglich) oder mit orangefarbiger Kleidung und Nahrung (Orangen, Karotten usw.) tanken. Bei fiebrigen Erkrankungen verwendet man mehrmals täglich 15 Minuten lang Blaulicht. Blaue Kompressentücher sind eine zusätzliche Hilfe. Bei Halsentzündung und Heiserkeit unterstützt ein blauer Schal den Heilungsprozeß.

Harmonisierende Edelsteine:
Halsentzündung: Aquamarin, Bernstein, Turmalin, Türkis und Hämatit.
Fiebersenkend: Chrysokoll, Chrysopras, Saphir, Olivin und Lapislazuli.
Bronchitis: Rutilquarz, Bernstein, Smaragd und Dioptas.
Husten: Bernstein und Topas.

Das Tigerauge erwärmt und hilft bei Erkältung.

Fiebrige Erkrankungen

Man bringt 1 Liter Wasser zum Kochen, gibt 1 Handvoll Salbei und 1 Ingwerwurzel hinein und läßt das zugedeckt 10 Minuten ziehen. Nun seiht man den Aufguß ab und gibt den Saft einer halben Zitrone und etwas Honig dazu. Das trinkt man nun über den Tag verteilt. Man kann mit diesem Aufguß aber auch kalte, (blaue) Kompressen auf das Sonnengeflecht oder Fuß- und Wadenwickel machen.

Erkältung

Man nimmt den Saft von zwei Grapefruits und zwei Orangen, gibt ihn in ein feuerfestes Glasgefäß oder in einen Topf aus Email und läßt ihn, zusammen mit einer Ingwerwurzel, 10 Minuten leicht köcheln. Nun gießt man den Saft ab und gibt 1 Eßlöffel Honig und 2 Eßlöffel Heidelbeerextrakt oder Fliederbeersaft (im Reformhaus erhältlich) dazu.

Das schluckt man nun löffelweise, über den Tag verteilt.

Am besten läßt sich dieser Saft in einem dunklen, verschließbaren Fläschchen aufbewahren. Man bereitet ihn jeden Tag frisch zu.

Husten und Heiserkeit

innerlich

Man nimmt den Brei einer Banane und gibt den Saft einer Orange und einer Zitrone, 1 Eßlöffel Honig, 1 Prise Nelkenpulver, 1 Prise Muskatnußpulver und etwas Tannennadel-Essenz (im Reformhaus erhältlich) dazu. Diesen Saft trinkt man in kleinen Schlucken, mehrmals täglich.

äußerlich

Man nimmt den Saft einer halben Orange und einer halben Grapefruit und gibt 1 Prise Ingwerpulver, 1 Prise Ginsengpulver und ein paar Tropfen Leinöl dazu. Nun erwärmt man diesen Saft im Wasserbad und macht damit eine (blaue) Kompresse auf die Brust, die man 1 Stunde einwirken läßt.

*

Der Harmonisierungspunkt für Hustenanfälle liegt an der Innenseite des Daumens, am unteren Teil des Nagels, an beiden Händen.

Halsschmerzen

innerlich

Man nimmt den Saft einer Orange und einer Zitrone und gibt 1 Eßlöffel Honig, 1 Prise Ingwerpulver und 1 Prise Oregano dazu.

Diesen Saft erwärmt man im Wasserbad und trinkt ihn ganz langsam. Er hat eine stark heilende Wirkung.

*

Man nimmt den Saft einer Grapefruit und einer Zitrone und gibt 1 Teelöffel Honig und 1 Prise Kümmelpulver dazu.

Man erwärmt diesen Saft im Wasserbad und gurgelt damit mehrmals täglich.

äußerlich

Man nimmt etwas heiße Milch und gibt 1 Teelöffel Honig und 1 Prise Ingwerpulver dazu.

Nun befeuchtet man ein (blaues) Tuch damit und macht einen Halsumschlag, den man 1 Stunde einwirken läßt.

Empfehlenswert ist es, zusätzlich einen Wollschal darüberzuwickeln, um die Wärmewirkung so noch zu verstärken.

*

Man nimmt den Brei einer Banane und gibt den Saft einer Orange, 1 Prise Nelkenpulver und 1 Prise Ginsengpulver dazu.

Das erwärmt man nun im Wasserbad, schlägt den Brei in ein Gazetuch ein und macht damit einen Halsumschlag, den man 1 Stunde einwirken läßt.

Ohrenschmerzen

äußerlich

Man erwärmt den Saft einer Orange und einer Zitrone in einem Glasgefäß und gibt 1 Teelöffel Honig und 1 Prise Ingwerpulver dazu.

Damit macht man sehr warme Umschläge auf die Ohren und läßt sie 1 Stunde einwirken.

Mit einem (blauen oder grünen) Wollschal die Ohren gut warm halten.

*

Man nimmt etwas Olivenöl, erwärmt es gut und gibt 1 Prise Ginsengpulver und 1 Prise Muskatnußpulver dazu.

Damit tränkt man je einen Wattebausch und legt diesen so warm wie verträglich auf die Ohren. 1 Stunde einwirken lassen. Gut warm halten!

*

Probleme mit den Ohren weisen seelisch-geistig betrachtet darauf hin, daß man etwas »nicht hören will«, oder daß man Ärger empfindet über etwas, das einem »zu Ohren gekommen« ist.

Das Sprichwort: »Wer nicht hören will, muß fühlen«, trifft hier den Kern der Sache.

Harmonisierende Farben:
Blau und Grün sind die heilsamen Farbschwingungen bei Ohrenerkrankungen. Man kann abwechselnd je 30 Minuten mit Grün oder mit Blau bestrahlen.

Auch Kopftücher in den genannten Farben wirken unterstützend.

Harmonisierende Edelsteine:
Turmalin wirkt energiespendend auf die Ohren.
Aquamarin behebt energetische Störungen.
Saphir und Bernstein haben eine große Heilwirkung auf alle Sinnesorgane.

Schönheitspflege

Die bewußte Pflege der Gesundheit, Jugendlichkeit und Schönheit ist eine Lebenskunst, die uns ein herrliches Gefühl der Lebensfreude vermitteln kann.

Schönheit ist keineswegs eine unveränderliche, feststehende Größe. Ein Mensch, der einen ausgewogenen Gesamteindruck hinterläßt und dessen innere Harmonie mit seiner äußeren Ausstrahlung übereinstimmt, strahlt damit eine ihm eigene, ganz persönliche Schönheit aus. Wahre Schönheit setzt jedoch voraus, daß man mit sich selbst im Einklang lebt und daß man die Vorzüge und auch die Mängel seines Körpers realistisch betrachtet und sich entsprechend darauf einstellt. Sie hängt nicht allein vom körperlichen, sondern ebenso vom seelischen Zustand eines Menschen ab.

Die Gedanken, die das Innere beherrschen, drücken sich in den Gesichtszügen und ganz besonders in den Augen aus.

Herzenswärme, Humor, Mitgefühl und Liebe verschönern ein Gesicht, machen beschwingt und lebensfroh und erfüllen die Augen mit einem Leuchten, das anziehend und schön wirkt.

Schönheitspflege stärkt das eigene Selbstbewußtsein und die damit verbundene Lebensenergie und deshalb ist sie ein ganz wichtiger Faktor in unserem Leben.

Man kann den natürlichen Alterungsprozeß zwar nicht verhüten, aber man kann ihn mit entsprechender Pflege wirkungsvoll hinauszögern. Dazu gehören aber auch eine harmonische, positive Denkensweise, eine ausgewogene, gesunde Ernährung, eine vernünftige körperliche Betätigung und vor allem eine ausreichende Sauerstoffversorgung.

Auch ausreichender Schlaf ist eine wirkungsvolle Schönheitspflege, weil nämlich die Zellteilung und die Hautatmung dann intensiver sind und Stoffwechselprodukte dadurch verstärkt abgebaut und ausgeschieden werden.

Für die Schönheit der Haut ist es auch sehr wichtig, zu lange und zu intensive Sonnenbestrahlung zu vermeiden und auf zuviel Alkohol und Nikotin möglichst zu verzichten, denn die Folgen von Alkoholmißbrauch sind kleine, geplatzte Gefäße im Gesicht und die von Nikotin eine beschleunigte Hautalterung, weil die Haut dadurch nämlich schlechter durchblutet wird und somit zu einer vorzeitigen Faltenbildung neigt.

Um Hautschädigungen durch Witterung und Umweltverschmutzung vorzubeugen, ist eine sorgfältige Gesichtsreinigung sehr wichtig. Gute Reinigungspräparate und ein mildes Gesichtswasser sind dafür am besten geeignet, weil die Haut damit schonend gereinigt wird. Durch das Waschen mit Seife wird nämlich der Säureschutzmantel der Hautoberfläche zerstört, was dazu führt, daß die Substanzen, die die Feuchtigkeit in den Hornzellen halten, aus den Zellen ausgelaugt werden.

Die Schönheit der Haut hängt von ihrem ausreichenden Feuchtigkeitsgehalt ab und deshalb ist eine sorgsame Hautreinigung und Pflege sehr wichtig, um Alterserscheinungen so lange wie möglich hinauszuzögern.

Die besten Schönheitsmittel von außen reichen aber nicht aus, wenn wir unserem Organismus zu wenig Vitalstoffe von innen zuführen. Unsere Haut wird nämlich von innen durch das Blutgefäßsystem ernährt und wenn dem Körper zu wenig lebenswichtige Wirkstoffe zugeführt werden, dann ist die Vitalität der Haut gestört und sie wirkt müde, welk und ungesund.

Schöne, glatte Haut weist, wie schon gesagt, einen hohen Anteil an Feuchtigkeit auf und deshalb ist es sehr wichtig, täglich eine ausreichende Flüssigkeitsmenge zu sich zu nehmen.

Fachleute sprechen von 1,5 bis 2 Liter, die man täglich trinken sollte! Bei zu geringer Flüssigkeitszufuhr wird das Blut dickflüssiger, was zur Folge hat, daß dabei der Haut Feuchtigkeit entzogen wird. Das Ergebnis davon ist dann eine spröde, trockene, faltige Haut.

Es ist erwiesen, daß es möglich ist, durch eine ausgewogene Schönheitspflege sein äußeres Erscheinungsbild um Jahre zu verjüngen, doch dazu ist die richtige Pflege des ganzen Körpers von entscheidender Bedeutung.

Kosmetische Maßnahmen wirken anregend, belebend und durchblutungsfördernd und sie führen der Haut die für eine Revitalisierung notwendigen Wirkstoffe zu, die eine Hautverjüngung fördern und damit der Alterung entgegenwirken.

Mit den natürlichen Wirkstoffen, die in den folgenden Rezepten angegeben sind, lassen sich sehr gute Erfolge in der Schönheitspflege erzielen, da sie durch ihre Energien in der Lage sind, den Teint zu verbessern, das Gewebe zu straffen und damit die Faltentiefe zu mildern.

Die darin enthaltenen Vitamine entfalten auf das Bindegewebe eine aktivierende Wirkung, unterstützen die Hautregeneration, beugen Faltenbildung und Altersflecken vor und machen die Haut geschmeidig.

Die essentiellen Fettsäuren der Öle normalisieren das Hautgewebe, stärken das Unterhautzellgewebe, erhöhen die Widerstandsfähigkeit der Haut und normalisieren die Talgdrüsenproduktion.

Kieselsäure (Silizium) ist unentbehrlich für Haut, Haare und Nägel und spielt eine bedeutende Rolle in der Zellregeneration. Glucoprotein erhöht das Wasserbindungsvermögen der Haut, sowie ihre hydrodynamischen Eigenschaften, wodurch sie prall und frisch erscheint.

Um die Haut mit allen wichtigen Nährstoffen versorgen zu können, benötigt unser Organismus also Vitamine, Mineralstoffe und Spurenelemente.

Für die Schönheit der Haut ist das Vitamin A sehr wichtig, denn es erhöht ihren Eigenschutz und sorgt für reibungslose Stoffwechselvorgänge.

Vitamin A ist z.B. in Milch und Milchprodukten, Butter, Eigelb enthalten. Das Provitamin A (Karotin) findet sich z.B. in Aprikosen, Tomaten, Salat und Karotten.

Mangelerscheinungen der Haut lassen sich auch mit Vitamin B2 vorbeugen. Man findet es z.B. in Bierhefe, Vollkorngetreide, Nüssen oder Blattgemüse.

Das Vitamin P verhindert die Erweiterung der feinen Äderchen unter der Haut. Es ist z.B. in Zitrusfrüchten, Johannisbeeren, Heidelbeeren und Paprika enthalten.

Schönheit und Lebensfreude – beide Begriffe sind untrennbar miteinander verbunden!

Man braucht dazu weder viel Geld, noch einen großen Zeitaufwand. Man muß nur die Wege kennen und ein wenig Disziplin und Ausdauer aufbringen.

Schönheitspflege ist eine Art von Selbstverwirklichung und deshalb kommt ihr, so meine ich, eine große Bedeutung zu, die nicht zu unterschätzen ist.

Harmonisierende Farben:

Grün wird als die Verjüngungsfarbe für die Haut bezeichnet.

Man kann während der Einwirkzeit einer Gesichtspackung zusätzlich mit grünem Farblicht bestrahlen, oder ein grünes Tuch, aus welchem Öffnungen für Augen, Mund und Nase herausgeschnitten sind, darüberlegen. Es ist auch möglich, die Gesichtspackung durch Zusatz von Blattgrün (z.B. passierter Spinat, Petersilie) grün zu färben. Es ist bekannt, daß Blattgrün dem menschlichen Körper durch Verhinderung der Ablagerung von Degenerationsstoffen lange anhaltende Jugendlichkeit zu erhalten imstande ist.

Deshalb wird Blattgrün als wirksames Verjüngungsstimulanz angesehen. Grünes Licht für die Schönheit!

Harmonisierende Edelsteine:
Rhodochrosit, Saphir, Diamant, Sodalith – helfen bei der Verzögerung des Alterungsprozesses.

12 Verjüngungsmittel für die Haut

Gesichtspackungen

Diese Gesichtspackungen versorgen die Haut mit wichtigen Nährstoffen und geben ihr anregende Impulse zur Regeneration.

*

Man reibt eine rohe Kartoffel und streicht diese Masse durch ein Sieb. Dem auf diese Weise gewonnenen Saft fügt man nun eine Prise Meersalz bei und verteilt ihn auf Gesicht und Hals.

Nach 1/2 Stunde Einwirkzeit wäscht man Gesicht und Hals mit kalter Milch gut ab.

Wichtig: Der Kartoffelsaft muß immer sofort verwendet werden!

Das ist ein hervorragendes Verjüngungsmittel, welches man kurmäßig, längere Zeit hindurch, anwenden sollte.

Die Enzyme im Kartoffelsaft schaffen eine Hautnahrung, die das Zellgewebe stimuliert. Die alkalischen Säfte der

Kartoffel haben eine antiseptische Wirkung und verleihen der Haut ein leuchtendes, jugendliches Aussehen.

Eine ebenfalls sehr wirkungsvolle Behandlung kann man mit dem Saft eines Apfels, eines Pfirsichs oder einer Gurke durchführen.

*

Man nimmt etwas Zitronen- oder Orangensaft und gibt 1 Prise Ginsengpulver und 1 Prise Nelkenpulver dazu.

Nun »wäscht« man mit diesem Saft Gesicht und Hals, läßt ihn eintrocknen und 1/2 Stunde einwirken.

Dann befeuchtet man einen Wattebausch mit kalter Milch und reibt mit sanften, kreisenden Bewegungen Gesicht und Hals ab.

*

Man nimmt 2 Eßlöffel dickflüssigen Honig und 1 Prise Ginsengpulver, verteilt es gut auf Gesicht und Hals und läßt 1/2 Stunde einwirken.

Das ist ein sehr wirkungsvolles Verjüngungsmittel, das man so oft wie möglich verwenden sollte.

Diese beiden »Bio-Aktivatoren« Honig und Ginseng sind bei regelmäßiger Anwendung eine ganz ausgezeichnete Hilfe!

*

Man nimmt ca. 5 Eßlöffel Bananenbrei und gibt 1 Eßlöffel Honig, 1 Eßlöffel Leinöl und 1 Prise Ginsengpulver dazu.

Nun mischt man etwas Sojamehl darunter, um eine streichfähige Masse zu erhalten. Diese trägt man nun auf Gesicht und Hals auf und läßt sie 1/2 Stunde einwirken.

Sie besitzt einen ausgezeichneten, verjüngenden Effekt!

*

Man nimmt 2 Eßlöffel Quark, 2 Eßlöffel Orangensaft und 1 Eßlöffel Honig und gibt 1 Prise Nelkenpulver und 1 Prise Meersalz dazu.

Nun gibt man soviel Heilerde dazu, daß daraus eine streichfähige Masse entsteht. Diese verteilt man auf Gesicht und Hals und läßt sie 1/2 Stunde einwirken.

*

Man nimmt 3 Eßlöffel Hafermehl, 3 Eßlöffel Honig und 1 Prise Ginsengpulver. Nun gibt man soviel geschlagenes Eiweiß dazu, daß eine streichfähige Masse daraus entsteht.

Auf Gesicht und Hals auftragen und 1/2 Stunde einwirken lassen.

*

Man nimmt ein ungeschlagenes Eiweiß und gibt 1 Eßlöffel Honig, 1 Prise Ginsengpulver und soviel Milchpulver dazu, daß daraus eine dünne Paste entsteht.

Diese stellt man nun für 1 Stunde in den Kühlschrank, verrührt sie anschließend noch einmal gut, trägt sie auf Gesicht und Hals auf und läßt sie 1/2 Stunde einwirken.

Diese Packung strafft schlaffe, faltige Haut besonders gut. Sie stärkt die Hautzellen und schließt die Poren.

*

Man nimmt eine geriebene Kartoffel und gibt 1 Eßlöffel Honig, ein Eigelb, 1 Prise Meersalz und soviel Sojamehl dazu, daß daraus eine streichfähige Masse entsteht.

Diese Packung trägt man auf Gesicht und Hals auf und läßt sie 1/2 Stunde einwirken.

*

Es ist sehr wichtig, Gesicht und Hals nach jeder Behandlung mit viel kaltem Wasser abzuspülen. Das kräftigt den Tonus der Haut und verleiht ihr ein frisches, rosiges Aussehen.

*

Augenfältchen

Man nimmt 1 Eßlöffel Orangen- und 1 Eßlöffel Zitronensaft und gibt 1 Teelöffel Honig und 1 Prise Ginsengpulver dazu.

Diesen Saft tupft man vorsichtig um die Augenpartie und läßt ihn 1/2 Stunde einwirken.

Danach wäscht man mit kalter Milch gut ab und klopft dann behutsam eine Augencreme ein.

Halserschlaffung
Man nimmt 5 Eßlöffel Bananenbrei, 1 Prise Nelkenpulver, 1 Prise Muskatnußpulver, 1 Prise Ginsengpulver, 1 Eßlöffel Honig und 1 Prise Salbeiblätter, die man zwischen den Fingern zerreibt.

Diesen Brei schlägt man in ein Gazetuch ein und macht damit einen Halsumschlag, den man 1 Stunde einwirken läßt.

Danach gründlich abwaschen und mit einer Halscreme nachbehandeln.

Kinnerschlaffung
Man nimmt den Saft einer halben Orange und einer halben Zitrone und gibt 1 Eßlöffel Sesamöl, 1 Prise Ginsengpulver und 1 Prise Meersalz dazu.

Damit macht man eine (grüne) Kompresse, die man 1 Stunde einwirken läßt.

Es ist ratsam, zusätzlich einen gewissen Druck zu erzeugen, indem man ein Tuch über dem Kopf zusammenbindet.

*

Kräftigendes zur Pflege des Busens
Man nimmt 2 Eßlöffel Quark, 1 Eßlöffel Honig, ein Eigelb, 1 Eßlöffel Sesamöl und 1 Prise Ginsengpulver.

Das verrührt man gut und massiert es mit sanften Bewegungen ein. Das ist wichtig, da das Gewebe des Busens empfindlich ist und deshalb nicht gezerrt oder überdehnt werden darf.

Das läßt man nun 1/2 Stunde einwirken. Man kann in dieser Zeit zusätzlich mit Grün bestrahlen.

Danach macht man eine Wechseldusche, wobei man immer mit kaltem Wasser aufhört.

Abschließend nimmt man etwas Sesamöl, dem man noch 1 Prise Ingwerpulver zugibt und massiert es sanft in den Busen ein.

Badefreuden

Tun Sie noch mehr für Ihre Gesundheit und Ihr Wohlbefinden – schwelgen Sie in Badefreuden!

Wasser gilt als das älteste Schönheitsmittel, vor allem auch deswegen, weil Schönheit Sauberkeit voraussetzt.

Wasser bewirkt eine gründliche Reinigung der Haut, befreit die Poren von organischen Abfallstoffen und regt den Kreislauf an, wodurch die Sauerstoffzufuhr verbessert und die Zellregenerierung begünstigt wird.

Die kalte Dusche nach dem Bad wirkt wie eine belebende Kreislaufmassage, regt die Abwehrkräfte an, schließt die Poren, macht die Haut glatt und widerstandsfähig und wirkt entspannend auf den gesamten Organismus.

Kosmetische Badezusätze überziehen die Haut mit einem Fettfilm und geben ihr einen angenehmen Duft. Heilkräftigende Badezusätze wirken durch ihre Wirkstoffe und ätherische Öle gesundheitsfördernd und regenerierend.

Wichtig ist nur, daß Sie folgendes beachten, bevor Sie in Ihre Badewanne steigen:

* Die Wassertemperatur sollte zwischen 36 und 40 Grad liegen.
* Das Badezimmer muß angenehm warm sein.
* Die Badedauer sollte 1/2 Stunde nicht übersteigen.
* Nach dem Bad sollte immer eine kalte Dusche folgen.

Ausgesuchte Bade-Heilkräuter

Baldrian: Dieses Bad ist am Abend empfehlenswert, denn Baldrian schenkt einen gesunden Schlaf.

Eichenrinde: Dieses Bad hilft gegen übermäßige Schweißbildung und Ekzeme.

Heublumen: Das Heublumenbad regt den Organismus und den Stoffwechsel auf milde und ausgleichende Weise an. Der aromatische Duft unterstreicht die wohltuende Wirkung.

Kamille: Das Kamillenbad ist besonders für die empfindliche und strapazierte Haut zu empfehlen. Es unterstützt die Regeneration der Haut und bietet einen angenehmen, wohltuenden Hautschutz.

Lavendel: Die angenehmen Duftstoffe wirken entspannend auf die Psyche, erfrischen und regen den Körper an.

Lindenblüten: Wenn man sich gereizt, nervös und überfordert fühlt, sollte man ein Lindenblütenbad nehmen.

Melisse: Das erholsame Bad nach dem täglichen Streß. Die ätherischen Öle wirken entspannend und wohltuend.

Rosmarin: Dieses Bad schafft Entspannung nach einem anstrengenden Tag, aktiviert den Körper und regt zu neuer Leistungskraft an. Der aromatische Duft verstärkt diese Wirkung über die Atmung und trägt zur seelischen Erholung bei.

Thymian: Das Thymianbad ist zum Schutz der Atemwege zu empfehlen. Es hilft die Widerstandskraft zu steigern und die Abwehrkräfte zu stärken.

Wacholder: Das Wacholderbad fördert die Hautdurchblutung und lockert Muskelverspannungen, die besonders bei einseitiger körperlicher Arbeit entstehen können.

Für diese angegebenen Bäder nimmt man 3 Handvoll auf 2 Liter kochendes Wasser, läßt 10 Minuten ziehen, seiht den Aufguß ab und fügt ihn dann dem Badewasser zu.

*

Hefebad: Dieses Bad ist bei schuppiger, unreiner Haut sehr wirkungsvoll.

Man nimmt 1 Liter warme Milch und gibt 2 Eßlöffel Honig und 4 Stück Hefe, die man zwischen den Fingern zerbröckelt, dazu. Diese Mischung läßt man zugedeckt ca. 1/2 Stunde stehen und gibt sie dann ins Badewasser.

*

Ingwerbad: Es hilft gegen Muskel- und Gelenkschmerzen und hat eine entspannende Wirkung.

Man nimmt dafür 5 Eßlöffel Ingwerpulver auf 1 Vollbad.

*

Molkebad: Das Molkebad ist eine Wohltat für schuppige, juckende und unreine Haut. Es enthält Milcheiweiß, Milchsäure und die Vitamine A, E und D. Man nimmt 2 Liter Molke (im Reformhaus erhältlich) auf 1 Vollbad.

*

Spinatbad: Dieses Bad hat einen außergewöhnlich guten Einfluß auf die Haut und auf das körperliche Wohlbefinden. Grün erfrischt, belebt, verjüngt!

Geben Sie 3 Handvoll Spinat (wenn möglich naturgedüngt) in ein Leinentuch und legen Sie ihn so 1/4 Stunde in einen Topf mit heißem, aber nicht kochendem Wasser. Dann drücken Sie das Tuch gut aus und lassen den frischen, grünen Saft ins Badewasser laufen.

*

Zitronenbad: Das ist ein sehr erfrischendes, belebendes Bad.

Hierfür gibt man den Saft von drei Zitronen ins Badewasser. Die Schalen dieser (ungespritzten) Zitronen bindet man in ein Leinentuch, legt dieses zusätzlich ins Badewasser und massiert damit seinen Körper.

Das Haar

Ebenso wie die Nägel bestehen auch die Haare aus Eiweißkörpern, den sogenannten Keratinen.

Jedes Haar hat seine eigene Haarzwiebel. An der Haarwurzel befinden sich winzige Blutgefäße, die dem Haar Sauerstoff und Nährstoffe zuführen. Die Gesundheit des Haares hängt einerseits von der Qualität der Nährstoffe ab, welche die Kopfhaut und das Haar vom Organismus erhalten und andererseits von einer guten Blutzirkulation und von der Sekretion der Talgdrüsen.

Bei einer ungenügenden Talgsekretion wird das Haar trocken und spröde und bei einer zu starken Sekretion rasch fettig und strähnig. Eine erhöhte Zufuhr von Schwefel macht das Haar und die Nägel besonders widerstandsfähig und sorgt für gesunde Nägel und volles Haar. Das Ergrauen der Haare wird durch psychische und nervliche Belastungen beschleunigt. Die Pigmentbildung des Haares läßt sich aber durch erhöhte Zufuhr von Magnesium, Kalzium und Kupfer fördern. Diese Substanzen sind reichlich in frischem Obst und Gemüse enthalten. Verstärkter Haarausfall läßt sich teilweise auf Ernährungsmängel zurückführen, steht aber auch in Beziehung zu den Hormondrüsen und zu nervlichem Streß.

Natürliche Wirkstoffe wie Vitamine, Mineralien und

Spurenelemente spielen eine bedeutende Rolle im Haarwachstum, beeinflussen das innersekretorische Geschehen und gewährleisten das Haarwachstum. Vitamin B5 spielt eine bedeutende Rolle im Haarwachstum und beugt Haarausfall vor, ebenso das Vitamin F und das Vitamin C.

Eine kurmäßige Einnahme von Algentabletten ist ebenfalls sehr gut geeignet, dem Organismus natürliche Wirkstoffe zuzuführen, die den Haaren zugute kommen.

Mit einer regelmäßigen Kopfmassage läßt sich die Durchblutung zusätzlich anregen und die Zufuhr von Nährstoffen auf Kopfhaut und Haar erleichtern.

Harmonisierende Farben:
Die heilende Farbenergie bei Haarausfall und Schuppen ist Violett. Täglich 20 Minuten den Kopf damit bestrahlen.

Harmonisierende Edelsteine:
Opal, Quarz, Turmalin, Malachit, Chrysokoll,

Kräftigendes für schönes Haar
Man nimmt den Saft einer Grapefruit und einer Zitrone, 2 Eßlöffel Oliven- oder Rizinusöl, 2 Eßlöffel Kieselsäuregel (Silicea), 1 Prise Ingwerpulver und soviel Heilerde, daß daraus eine streichfähige Masse entsteht. Diese Packung massiert man nun kräftig in das trockene Haar ein, deckt den Kopf gut mit einer Duschhaube und einem Frotteetuch ab und läßt 1 Stunde einwirken.

Anschließend das Haar gut auswaschen und mit Bier nachspülen, da Bier eine sehr kräftigende Wirkung hat.

Dann wäscht man das Haar gründlich mit Shampoo.

Anti-Schuppen-Mittel

Man nimmt 1/2 Tasse Milch, 2 Eßlöffel Honig, 1 Teelöffel Meersalz, 2 Eßlöffel Rizinusöl und soviel Mehl, daß daraus eine streichfähige Masse entsteht.

Diese trägt man nun auf das trockene Haar auf, deckt den Kopf mit Duschhaube und Frotteetuch gut ab und läßt diese Packung 1 Stunde einwirken.

Danach das Haar gut ausspülen und mit einem Shampoo gegen Schuppen waschen.

Gegen Haarausfall

Man nimmt ca. 3 Eßlöffel Quark, 2 Eßlöffel Rizinusöl, 2 Eßlöffel reinen Alkohol, 1 Eßlöffel Honig und 1 Eigelb.

Diese Packung trägt man auf das trockene Haar auf und massiert sie gut in die Kopfhaut ein. Man deckt das Haar mit einer Duschhaube ab und wickelt ein Frotteetuch darüber, damit eine Wärmewirkung entsteht. 1 Stunde einwirken lassen.

Nachher gründlich ausspülen und mit Spezialshampoo waschen.

*

Man nimmt 3 Eßlöffel Quark, 2 Eßlöffel Olivenöl, 1 Eßlöffel Honig und ein Eigelb.

Diese Packung massiert man gut in die Kopfhaut ein und läßt sie 1 Stunde einwirken. Man deckt das Haar mit einer Duschhaube ab und wickelt ein Frotteetuch darüber, damit eine Wärmewirkung entsteht. Nachher gründlich ausspülen und mit Shampoo waschen.

*

Man nimmt den Brei einer Banane, den Saft einer Grapefruit, 2 Eßlöffel Honig, 1 Prise Nelkenpulver und 1 Prise Ginsengpulver.

Diese Mischung rührt man gut durch und trägt sie auf das trockene Haar auf. 1 Stunde einwirken lassen. Duschhaube und Frotteetuch darübertun, um eine Wärmewirkung zu erzielen.

Haare gut auswaschen und mit Bier nachspülen. Das Bier hat eine sehr kräftigende Wirkung.

Anschließend mit Shampoo gründlich waschen.

*

Man nimmt den Saft einer Grapefruit und einer Zitrone, 2 Eßlöffel Olivenöl, 2 Eßlöffel Silicea-Balsam (Kieselgel), 1 Prise Ingwerpulver und soviel Heilerde, daß eine streichfähige Masse entsteht.

Diese Packung massiert man kräftig in das trockene Haar ein, deckt den Kopf gut ab und läßt 1/2 Stunde einwirken.

Gut ausspülen und mit Shampoo nachwaschen.

Streicheleinheiten für das Gesicht

Die Selbstmassage des Gesichts ist eine wirkungsvolle Methode, abgestorbenes Gewebe und Zellen zu erneuern, schlaffe Haut zu stärken und sie ist ein natürlicher Weg zur Erhaltung der Jugendlichkeit und Frische, denn dadurch werden die Nervenendungen in der Haut belebt und der natürliche Säuremantel der Haut reguliert. Durch ein gezieltes »Streicheln« wird die Haut geschmeidig und schön und bekommt einen rosigen, jugendlichen Schimmer, weil die Hautzellen mit sauerstoffangereichertem Blut stimuliert werden, sich wieder zu regenerieren.

»Shiatzu« heißt diese alte, japanische Methode, die auf ganz einfache Art eine bessere Durchblutung bewirkt und damit einen sichtbar schöneren Teint zur Folge hat.

Die tägliche 5 Minuten-Selbstmassage:

Setzen Sie sich bequem vor einen Spiegel.
Vielleicht verspüren Sie den Wunsch, die schönheitsfördernden, grünen Farbschwingungen in diese tägliche Behandlung miteinzubeziehen, weil Sie nun wissen, daß Grün als »das Verjüngungsmittel« bezeichnet wird.

Also: Grünes Licht für die Schönheit!

* Legen Sie nun die Fingerspitzen der rechten und linken Hand auf Ihre Stirnmitte. Die Zeigefinger liegen unter dem Haaransatz, der Mittelfinger darunter und der Ringfinger knapp über dem Raum zwischen den Augenbrauen. Drücken Sie nun mäßig 3 Sekunden, machen Sie 1 Sekunde Pause und wiederholen Sie das 3 Mal.

* Nun gehen Sie mit den Fingerspitzen weiter nach außen und drücken Sie auf die gleiche Weise die 3 Punkte, die von der Mitte der Augenbrauen zum Haaransatz führen. Wieder 3 Mal 3 Sekunden mit jeweils 1 Sekunde Pause.

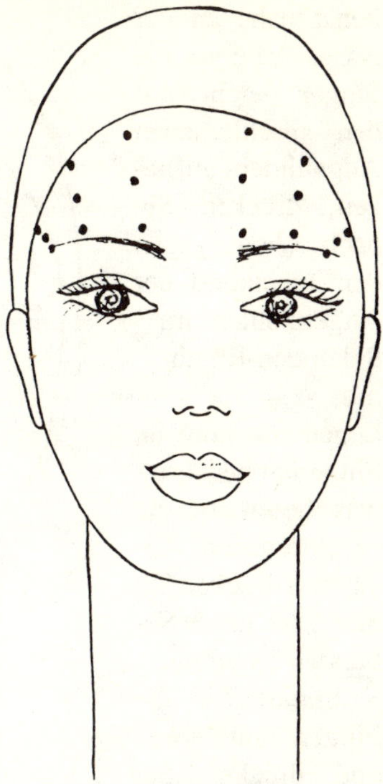

* Legen Sie die Finger nun auf die Punkte zwischen dem Ende der Augenbrauen und dem Haaransatz und drücken Sie wieder mit angenehm kräftigem Druck im 3 Sekunden-Rhythmus.

* Nun drücken Sie mit den Daumen beider Hände die beiden Vertiefungen über der Nasenwurzel, auf der Innenseite der Augenhöhlen. Wieder im 3 Sekunden-Rhythmus.

* Nun spreizen Sie Zeige-, Mittel- und Ringfinger und legen Sie die Fingerkuppen an den oberen Innenrand der Augenhöhlen. Der Ringfinger beider Hände liegt mög-

lichst nahe an der Nase. Während die Finger leicht auf den geschlossenen Augenlidern aufliegen, drücken Sie nach oben, gegen den Innenrand der Augenhöhlen, im 3 Sekunden-Rhythmus.

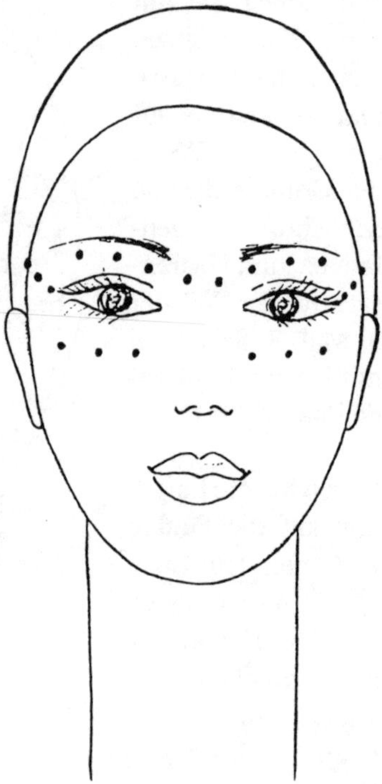

* Legen Sie nun die Fingerkuppen etwas tiefer auf die geschlossenen Lider und drücken Sie hier zart im 3 Sekunden-Rhythmus.
* Krümmen Sie die Finger nun etwas und drücken Sie nach unten, gegen den Innenrand der Augenhöhlen.
  Drücken Sie im 3 Sekunden-Rhythmus auf den Knochen.
* Die 3 Punkte an den Schläfen sind als leichte Vertiefung spürbar. Nehmen Sie dazu Zeige- und Mittelfinger beider Hände und drücken Sie damit wieder im 3 Sekunden-Rhythmus.
* Der Druck auf die Punkte am Jochbein erfolgt wieder mit den beiden Zeige- und Mittelfingern gleichzeitig. Drükken Sie wieder 3 Sekunden lang mäßig gegen den Außenrand der Nase und wiederholen Sie das 3 Mal. Dann

gehen Sie immer 2 Fingerbreit weiter nach außen und drücken mit mäßigem Druck im 3 Sekunden-Rhythmus.

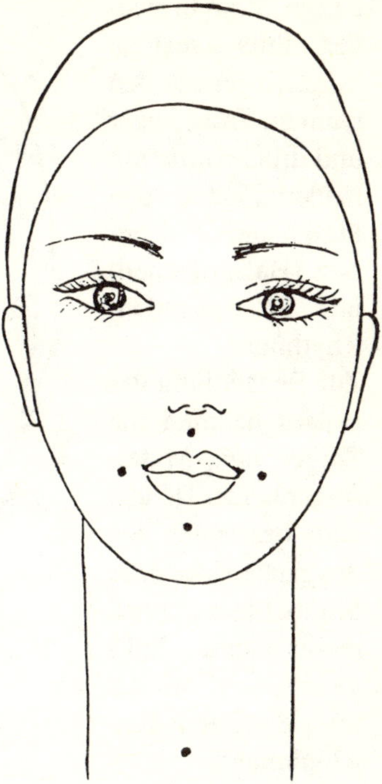

* Rund um den Mund gibt es 4 wichtige Punkte. Drücken Sie zuerst mit dem rechten Daumen mäßig den Punkt zwischen Nase und Oberlippe. Legen Sie nun den rechten Daumen 2 Fingerbreit vom rechten Mundwinkel auf die Wange und den linken Daumen auf die entsprechende Stelle am linken Mundwinkel. Wiederholen Sie das im 3 Sekunden-Rhythmus.
* Nun legen Sie die Spitze des rechten Mittelfingers auf die des rechten Zeigefingers und drücken mit beiden Fingern den Punkt, der zwischen Unterlippe und Kinnspitze in der Mitte liegt. Auch diesen Punkt drücken Sie wieder im 3 Sekunden-Rhythmus.
* Greifen Sie nun mit der rechten Daumenkuppe 2 Fingerbreit hinter die Kinnspitze und drücken Sie diesen Punkt mäßig stark im 3 Sekunden-Rhythmus.

* Legen Sie nun wieder Ihren rechten Mittelfinger auf den rechten Zeigefinger und drücken Sie mit beiden Fingern den Punkt am Halsansatz (Halsgrübchen) im 3 Sekunden-Rhythmus.
* Zur Behandlung des Halses nehmen Sie Zeige- und Mittelfinger beider Hände. Nun bearbeiten Sie die ganze Halspartie mit mäßigem Druck rechts und links gleichzeitig, wieder im 3 Sekunden-Rhythmus.
* Nun legen Sie Zeige- und Mittelfinger der rechten Hand unter den Kiefer, neben das obere Ende der Luftröhre. Die linke Hand legen Sie auf die entsprechende Stelle links. Drücken Sie nun leicht im 3 Sekunden-Rhythmus, aber nicht auf die Luftröhre sondern auf die Muskeln. Führen Sie nun Ihre Finger immer 2 Fingerbreit weiter nach unten und drükken Sie mäßig im 3 Sekunden-Rhythmus. Dieses Gebiet heißt in der fernöstlichen Heilkunst »Quelle der Jugend und Schönheit«.

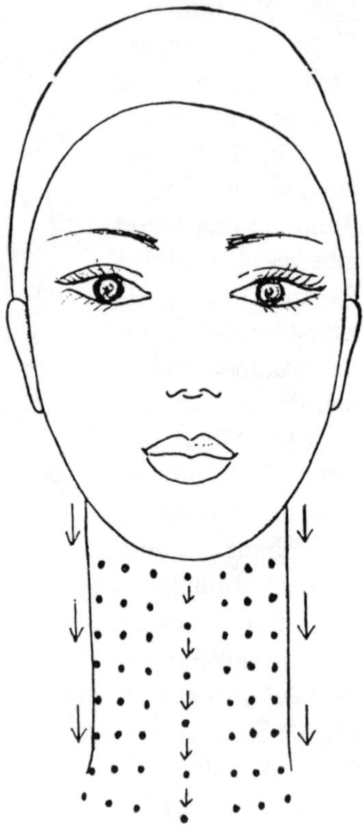

* Legen Sie Ihre Hände nun wieder unter den Kiefer am Hals, aber einen Fingerbreit weiter nach außen. Nun geht es mit beidseitigem Druck wieder halsabwärts. Bearbeiten Sie so die ganze Halspartie mit angenehmem, leichten Druck im 3 Sekunden-Rhythmus.

Diese Behandlung ist eine ganz einfache, aber sehr wirkungsvolle Methode, um den begehrten Pfirsichteint zu gewinnen, wenn man sie konsequent täglich durchführt. Sie sollte ebenso wie das allabendliche Waschen und Zähneputzen ein täglicher Bestandteil der Schönheitspflege sein, denn sie beeinflußt die Schönheit der Haut sehr nachhaltig, indem sie die Energiebahnen öffnet und so die Blutzirkulation fördert, wars hormonale Harmonie und damit einen verbesserten Muskeltonus zur Folge hat und Muskelverkrampfungen löst. Wenn Sie diese Massagetechnik gleich beginnen und regelmäßig täglich 5 Minuten durchführen, dürfen Sie schon in ganz kurzer Zeit mit fühlbaren und sichtbaren Resultaten rechnen!

Bewegungsprogramm

Ein tägliches Bewegungsprogramm ist für die Schönheit und Gesundheit besonders wichtig, denn es fördert die Durchblutung und stärkt die Muskeln. Dadurch bleibt der Körper schön straff und es können sich auch keine unliebsamen Fettpolster ansetzen, denn wo Muskeln sind, setzt sich kein Fett an.

Es bleibt dem eigenen Geschmack überlassen, für welche Art des Muskeltrainings man sich entscheidet.

Ich möchte hier nur eine Möglichkeit aufzeigen, wie man sich mit der besten aller Joga-Übungen, der »Kerze« eine große Hilfe für die Schönheit und für die Gesundheit geben kann, wenn man sie täglich in sein Schönheitsprogramm miteinbezieht, was im höchsten Fall 3 Minuten in Anspruch nimmt.

Die »Kerze« wird als die beste aller Joga-Übungen bezeichnet, weil sie den gesamten Körper gleichermaßen anregt und entspannt:
* Sie sorgt für gute Durchblutung des Gehirns, der Wirbelsäule und des Beckens, das normalerweise nur unzureichend mit genügend sauerstoffreichem Blut versorgt wird.
* Sie wirkt gewichtsreduzierend, weil das Kinn gegen die Schilddrüse gedrückt wird, wodurch sie eine Anregung erfährt.
* Sie wirkt kräftigend und ausgleichend auf das zentrale Nervensystem, Streß und Schlaflosigkeit werden abgebaut und ein verjüngender Effekt stellt sich ein.
* Sie regt die Funktion der Hormondrüse an.
* Sie lindert durch die gesteigerte Durchblutung der Brust- und Nackengegend Herzklopfen, Kurzatmigkeit, Bronchitis und Asthma.
* Sie befreit die Bauchorgane von ihrem gegenseitigen Druck, fördert dadurch die Verdauung, entschlackt den Körper und vermittelt ihm neue Energie und Vitalität.
* Sie hilft bei Harn- und Menstruationsbeschwerden sowie bei Hämorrhoiden.
* Sie mildert Krampfadern und müde, schwere Beine.
* Sie verjüngt die Geschlechtsdrüsen und -organe.
* Sie streckt die Wirbelsäule.
* Sie stärkt und festigt die Rücken-, Bein-, Nacken- und Bauchmuskulatur.

Es ist einfach schön, daß es eine Übung gibt, die so viele Vorteile in sich vereint. Sie werden das selbst bald ganz begeistert feststellen.

So macht man eine »Kerze«:

* Legen Sie sich mit ausgestreckten Beinen auf den Boden. Die Arme liegen mit den Handflächen nach unten nahe am Körper.
* Heben Sie unter Anspannung der Bauch- und Beinmuskulatur langsam die Beine, bis sie einen rechten Winkel zum Boden bilden.
* Stützen Sie sich dabei auf Ihre Fingerspitzen.
* Heben Sie Ihr Gesäß und den unteren Teil des Rückens hoch. Stützen Sie sich jetzt mit den Händen in der Taille ab, die Daumen zum Bauch gedreht. Die Ellbogen müssen dicht am Körper bleiben.
* Strecken Sie Ihre Beine kerzengerade aus und ziehen Sie, soweit es Ihr Gleichgewicht erlaubt, das Gesäß ein.
* Sobald Sie ausbalanciert sind, stützen Sie sich mit den Händen weiter oben an den Rippen ab und ziehen das Gesäß weiter ein.
* Strecken Sie nun Ihre Beine und die Zehenspitzen ganz nach oben. Verharren Sie anfangs 10 – 60 Sekunden in dieser Stellung und steigern Sie sich dann ganz allmählich bis zu 3 Minuten. Atmen Sie tief und fest.

Anfangs kann sich ein leichtes Schwindelgefühl einstellen, was aber normal ist, da sich die Adern plötzlich erweitern.

Bei zu hohem oder zu niederem Blutdruck sollten Sie die »Kerze« jedoch lieber nicht machen.

Haben Sie Geduld, wenn es nicht gleich so kerzengerade klappt. Auch hier gilt das Motto: »Übung macht den Meister.«*

Motive zur Meditation

Wende dein Gesicht der Sonne zu, dann fallen die Schatten hinter dich. *Thailändisches Sprichwort*

*

Nicht der Starrsinn läßt den Menschen gerade und stark sein, sondern die Fähigkeit, sich zu beugen. *I. Schreiber*

*

Wenn wir etwas überstehen wollen, müssen wir zuerst darüberstehen. *K.O. Schmidt*

*

Bedenke stets, daß alles vergänglich ist, dann wirst du im Glück nicht zu fröhlich und im Leid nicht zu traurig sein.

Sokrates

*

Um klarer zu sehen, genügt oft ein Wechsel der Blickrichtung. *A. de Saint-Exupéry*

*

Erfolg ist das, was erfolgt, wenn wir richtig denken und handeln. *K.O. Schmidt*

*

Der Mensch kann nicht zu neuen Ufern vordringen, wenn er nicht den Mut aufbringt, die alten zu verlassen.

André Gide

*

Wer hohe Türme bauen will, muß lange beim Fundament verweilen. *Anton Bruckner*

*

Um an die Quelle zu kommen, muß man gegen den Strom schwimmen. *St.J. Lec*

*

Schlußwort

Es sind jahrelange Erfahrungen, die ich hier niedergeschrieben habe, um damit all jenen eine Hilfe zu geben, die in sich den Wunsch nach einem »Zurück zur Natur« fühlen und die einen Weg beschreiten möchten, der hinführt zu den einfachen Dingen des Lebens, die immer mehr in Vergessenheit geraten sind, die aber von ihrer Wirksamkeit nichts eingebüßt haben, seitdem sie, teilweise schon vor Jahrtausenden, als kraftvolle Energiespender ihre Bedeutung in der Heilbehandlung gewonnen haben. Zurück zum Ursprung – das sollte unser aller Ziel sein, denn dort liegen die reichen Quellen, die uns Kraft spenden und damit Gesundheit und Lebensfreude vermitteln können, wenn wir die Mühe auf uns nehmen, nach ihnen zu suchen, um sie dort zu finden, wo sie sind – in der Natur – die in unendlich weiser Voraussicht als Lebensraum für uns geschaffen wurde und die unser Schöpfer mit reichhaltigen Schätzen ausgestattet hat, damit wir daraus vielfache Hilfen gewinnen können.

Und darin liegt, meine ich, unsere Zukunft und unser Lebensglück!

Die beste Kosmetik

Für die Lippen – die Wahrheit
für die Stimme – das Gebet
für die Augen – das Mitgefühl
für die Hand – die Wohltätigkeit
für die Figur – die Aufrichtigkeit
für das Herz – die Liebe

Index

Literaturhinweise

»Wunder, die Sie selbst vollbringen« Napoleon Hill, Ariston-Verlag, Genf 1987
»Entschlüsselte Organsprache« Henry G. Tietze, Ariston-Verlag, Genf 1985
»Verborgene Kräfte der Pflanzen« Mellie Uyldert, Irisiana-Verlag, München 1984
»Das Chakra-Handbuch« Baginski/Sharamon, Windpferd- Verlag, Aitrang 1989
»Chakra-Energie-Massage« Marianne Uhl, Windpferd-Verlag, Aitrang 1988
»Edelsteine und Sternzeichen« Baginski/Sharamon, Windpferd-Verlag, Aitrang 1989
»Heilende Edelsteine« Reinhard Florek, Windpferd-Verlag, Aitrang 1988
»Heilen mit Edelsteinen« Daya Sarai Chocron, Irisiana-Verlag, München 1984
»Verborgene Kräfte der Edelsteine« Mellie Uyldert, Irisiana-Verlag, München 1985
»Das Massage Buch« D.B. Lawrence + Lewis Harrison, Verlag-Bodymind, Berlin 1984
»Geheimnisse und Heilkräfte der Pflanzen«, Verlag Das Beste, Stuttgart 1980
»Yoga für Jeden« Kareen Zebroff, Falken-Verlag, Wiesbaden
»Die Heilungsgeheimnisse der Jahrhunderte« Catherine Ponder, P.Erd-Verlag, München 1982
»Der kleine Doktor« A. Vogel, Verlag A. Vogel, Teufen, Schweiz 1979
»Blumen die durch die Seele heilen« Edward Bach, Hugendubel-Verlag
»Heilen durch Reflexzonentherapie« Crista Muth, Heyne-Verlag, München 1988

»Farb-Therapie« Crista Muth, Heyne-Verlag, München 1978
»Shiatzu, die japanische Heilmassage« Yukiko Irwin, Heyne-Verlag, München 1978
»Akupunktur für Jeden« Hans Ewald, Econ-Verlag, Düsseldorf 1979
»Das Polarity Handbuch« Wilfried Teschler, Windpferd-Verlag, Durach 1989
»Das Polarity Fußbuch« Wilfried Teschler, Windpferd Verlag, Durach 1989
»Taiki – Die neue Heilmethode aus Japan« Ulrich Rückert, Goldmann-Verlag, München 1983
»Orientalische Geheimnisse für Gesundheit und langes Leben« Carlson Wade, Bauer-Verlag, Freiburg 1973
»Heilkräfte der Farben« Prof. L. Eberhard, Drei Eichen-Verlag, München 1984
»Nutze die Heilkraft unserer Nahrung« Dr.med. E. Schneider, Saatkorn-Verlag, Hamburg 1985
»Die Darm-Reinigung« Dr.med. Erich Rauch, Haug-Verlag, Ulm 1979
»Die Botschaft Deines Körpers« Kurt Tepperwein, Carval-Verlag, Triesen 1984
»Die Chakras« C.W. Leadbeater, Bauer-Verlag, Freiburg 1965
»Gesund sein!« Jean Palaiseul, Albert Müller-Verlag, Zürich
»Das makrobiotische Kochbuch« Michel Abehsera, Scherz-Verlag, München 1980
»Schmerzfrei durch Akupressur« Lutz Bernau, Ehrenwirth-Verlag, München 1975
»Heilatmung für Jeden« Dr. Erwin Gross, Verlag Gräfe und Unzer, München 1984
»Die verborgene Kraft der Kristalle und Edelsteine« Magda Palmer, Heyne-Verlag, München 1989

Bezugsquellenhinweise und Adressen

In vielen Kapiteln und Rezepten wird auf Dinge hingewiesen, die nicht in jeder Fachhandlung erhältlich sind. Deshalb wurde eine Liste - die laufend aktualisiert wird - mit verschiedenen Versandfirmen zusammengestellt, bei denen Sie sich über die folgenden Produkte informieren und diese auch bestellen können.

Indische Gewürze
Ginsengpulver ohne Zusätze

Farbbrillen
Farblicht-Strahler
Farbklang-Therapie
Piezo-Impulsstimulator

Kristalle und Edelsteine

Legen Sie Ihrer Anfrage bitte einen adressierten und ausreichend frankierten Rückumschlag bei. Wenn Sie außerhalb von Deutschland wohnen, legen Sie einfach einen internationalen Antwortschein (erhältlich beim Postamt) bei und schreiben an:

Windpferd Verlagsgesellschaft mbH
Stichwort "Energien"
Postfach
D - 87648 Aitrang

Waltraud-Maria Hulke

Erzengel lichtvolle Helfer

Eine Einweihung in die Liebe und das Licht der Erzengel

In diesem Buch finden sich viele wertvolle Anregungen, wie wir die Erzengel einladen können, uns durch unser Leben zu begleiten, um auf diese Weise ihre helfenden Hände zu spüren.
Dazu zählen unter anderem das Materialisierungs-Ritual, das Zeremoniell einer Wunsch-Realisierung, Anleitungen zur Harmonisierung des Chakra-Systems, die Magnetisierung des feinstofflichen Kraftfeldes, sowie die Energieanhebung mit Hilfe der Tagessiegel, Edelsteine und Töne. Den Ausklang bildet eine wunderschöne, kraftvolle Erzengel-Meditation.

144 Seiten, DM 19,80, SFr 19,00
ÖS 145,00 ISBN 3-89385-171-2

Waltraud-Maria Hulke

Das Farben Heilbuch

Der praktische Umgang mit Farben und ihre Wirkung auf Körper, Seele und Geist

Das Wissen um die Heilwirkungen der Farben auf Körper, Seele und Geist ist so alt wie die Menschheit selbst. Aber gerade heute werden wir uns der Bedeutung von Farben wieder verstärkt bewußt, denn sie gehören zu den Energien, denen wir uns nicht willentlich entziehen können, und die uns doch so sehr bestimmen. Dieses spannende Buch bietet eine umfassende Einführung in die Welt der Farben. Die Autorin beschreibt die vielfältige Wirkung der Farben auf unser körperliches und seelisches Wohlbefinden und wie Farbbestrahlung, Farbpunktur, Farbklänge, Farbbrillen, farbige Edelsteine, Farbatmung, Farbvisualisierung u. v. m. praktisch eingesetzt werden können.

192 Seiten, DM 24,80, SFr 23,00
ÖS 181,00 ISBN 3-89385-071-6